保育に生かせる!

年中行事◆園行事
ことばかけの本

著◆横山洋子・中島千恵子

Gakken

行事写真館

写真を見て、行事への理解を深めましょう。

5月

こどもの日 →p.34

◆兜　武将にとって鎧や兜は、身を護るためのたいせつな道具でした。このことから、勇ましさの象徴である鎧や兜を飾り、子どもを災いから守り、強くたくましく育つことを願います。

◆こいのぼり
中国では、鯉が竜門という滝を登りきると竜になるといわれました。この伝説からこいのぼりを立て、男の子の成長と出世を願います。

真鯉 … お父さん鯉（黒色系）
緋鯉 … お母さん鯉（赤色系）
子鯉 … 子どもの鯉（青色系）
*最近では、ピンク色やオレンジ色など、女の子のための子鯉もある。

◆ちまき
もち米を笹の葉にくるんで蒸したもの。

◆柏もち
2つ折りにした新粉もちであんを包み、カシワの葉でくるんで蒸したもの。

7月

たなばた →p.56

◆たなばた飾り

竹を立てるのは、神様やご先祖様が地上に降りる目印。短冊に歌や字を書いて飾り付け、書道や裁縫（さいほう）の上達を祈りました。

9月

十五夜 →p.72

◆お月見

旧暦の8月15日（十五夜）は、サトイモを供えるので芋名月、9月13日（十三夜）は、クリやエダマメを供えるので栗名月、豆名月などともいいます。

10月

ハロウィーン →p.92

◆仮装する子どもたち

亡くなった人の霊を迎え、悪霊を追い払うお祭りです。子どもたちが魔女やお化けなどに仮装し、「トリックオアトリート！（Trick or treat!　お菓子をくれないと、いたずらするよ）」と唱えて家々を訪ね歩き、お菓子をもらうという楽しいあそびが、アメリカを中心に行われています。右はカボチャちょうちん（jack-o'- lantern）。

12月

クリスマス →p.108

◆サンタクロース

サンタクロースのモデルとなったニコラスは、貧しくて 3 人の娘を嫁がせられない家を真夜中に訪れ、煙突から金貨を投げ入れました。暖炉には靴下が下げられており、金貨は靴下の中に入りました。このことから、プレゼントを靴下に入れる風習が生まれたといわれています。

◆クリスマスツリー

モミの木は冬でも葉を落とさないため、永遠の命の象徴とされています。モミの木に、キリストが生まれた時、東の空に輝いたといわれる星にちなんだツリートップ、アダムとイブが食べた知恵の実のリンゴ、枝の形をしたあめなど、さまざまな飾りを付けます。

1月

正月 →p.112

◆お雑煮

年神（としがみ）様にお供えしたもちを頂き、新年の豊作や家内安全を祈ります。供えたものを頂くことで、力が授かるともいわれています。

【東京】
角もち。澄まし仕立て。鶏肉、小松菜、シイタケ、かまぼこなどが入っている。

【京都】
丸もち。白みそで、ちょっと甘い。ニンジン、ダイコン、サトイモなどが入っている。

◆おせち料理

大晦日にすべて重箱につめて年神様に供えるために用意する料理のことで、さまざまな願いが料理に込められています。

①**【なます】**
紅白の水引を表したもので、赤は魔除け、白は清らかさを表す。

②**【エビ】**
腰が曲がるまで長生きすることを願う。

③**【ブリ】**
出世魚（成長にしたがって名前が変わる）であることから出世を願う。

④**【のしどり】**
熨斗に見立てた鶏料理で、めでたさを表す。

⑤**【レンコン】**
穴が開いていることから、将来の見通しがよいことを願う。

⑥**【サトイモ】**
小芋がたくさんつくことから、子宝を願う。

⑦**【かまぼこ】**
紅白はめでたさの象徴で、半月の形は初日の出を表す。

⑧**【イクラ】**
卵の数が多いことから、子孫繁栄を願う。

⑨**【カズノコ】**
ニシン（二親）から多くの卵が出ることから、子宝・子孫繁栄を願う。

⑩**【コンブ】**
「よろこぶ」という語呂合わせで、家族の幸せと子孫繁栄を願う。

⑪**【きっかかぶ】**
めでたさを表す。病気の原因を祓い、寿命を延ばすといわれる菊の花にあやかる。

⑫**【くろまめ】**
「まめまめしく暮らす」という語呂合わせから、長寿と健康を願う。

⑬**【だてまき】**
「伊達」とは華やかさのこと。巻物に似ていることから、文化・学問の発展を願う。

⑭**【たづくり】**
小魚を肥料にし、多くの米が収穫できたことから、五穀豊穣・豊作を願う。

⑮**【くりきんとん】**
栗金団と書くことから、金運を願う。

＊p.4-5で紹介しているものは、一例です。地域や家庭によって、具材や由来にも違いがあります。

◆門松

年神(としがみ)様が家に来る時に迷わないように目印としたもの。竹や松の枝などで作ります。

◆鏡もち

年神様へのお供えで、神様が宿ると言い伝えられる古来の丸い鏡の形をかたどったもち。大小ひと重ねにし、三方(さんぼう)という台にのせて供えます。1月11日には鏡もちを下げて、おしるこやお雑煮にしていただきます。

◆注連(しめ)飾り

神様をまつっている神聖な空間であることを表します。門や玄関に飾り、邪を防ぐために用います。

2月

節分 →p.118

◆豆まき

悪霊を寄せつけない不思議な力がある大豆。火で煎(い)った「ふくまめ」で豆まきをします。

◆恵方(えほう)巻き

節分の夜に、その年の縁起がよい方角、「恵方」を向いて食べる太巻き寿司のこと。無言で願い事を思いながら、海苔巻きを1本丸ごと食べます。

ひな祭り →p.128

◆ひな人形

女の子の健やかな成長と幸せを願い、ひな人形を飾ります。7段飾りは宮中の結婚式を表しているといわれています。

＊一般的な七段飾り。地域によって、飾るものや飾り方に違いがあります。

【最上段】
内裏(だいり)びな。向かって左に男(お)びな、右に女(め)びな。
後ろに金屏風(きんびょうぶ)、左右にぼんぼり。

【2段目】
三人官女(さんにんかんじょ)。身の回りの世話をする人。
向かって左から加銚子(くわえのちょうし)、三方(さんぼう)、長柄銚子(ながえのちょうし)。

【3段目】
五人囃子(ごにんばやし)。楽曲を演奏する人。
向かって左から太鼓、大鼓(おおかわ)、小鼓(こかわ)、笛、謡(うたい)。

【4段目】
随身(ずいじん)。向かって左に若者の右大臣、右に老人の左大臣。ひしもちや御膳など。

【5段目】
三仕丁(さんじちょう)。さまざまな用事をする人。向かって左から台笠(だいがさ)、沓台(くつだい)、立傘(たてがさ)。端に右近(うこん)の橘(たちばな)と左近(さこん)の桜。

【6段目】
ひな道具。箪笥(たんす)、長持、鏡台、針箱、火鉢、茶道具など。

【7段目】
ひな道具。向かって左から御駕籠(おかご)、重箱、御所車(ごしょぐるま)。

◆流しびな

桟俵(さんだわら)と呼ばれる米俵の丸いふたの上に、紙で作った人形(ひとがた)をのせて川や海に流すことで、穢(けが)れを祓(はら)い厄払いをしました。

◆ひしもち、白酒、ひなあられ

白酒はもち米とみりん、米麹(こうじ)と焼酎で作られたひな祭りの祝い酒（甘酒はごはんやおかゆに米麹(こうじ)を混ぜて作ったもの）。ひしもちの3色は、白は雪、緑は木々の芽吹き、赤は桃の花を表し、3色食べることで自然のエネルギーを授かり健やかに成長するといわれています。ひなあられはこれに黄色が加わった色とりどりのもの。

4月

イースター →p.140

◆イースターエッグ

イースターを祝うために、彩色したり模様を描いたりして飾り付けたゆで卵。卵は古来より豊穣(じょう)の象徴でした。新しい命が、固い殻の中に宿っているからです。

はじめに

◆

行事には、昔から伝わる「伝承行事」、
国や社会が記念として行う「社会行事」、
保育活動として取り組む「園行事」などがあります。

保育の場では、これらの行事を取り入れながら、
子どもがより豊かな経験ができるように、より生活を楽しめるようにと
先生方が知恵を出し合っていらっしゃることでしょう。

本書では、その行事が何のためにあるのか、子どもたちにもわかりやすいように、
先生方も話しやすいようにまとめました。
また、保育に生かせる行事にちなんだあそびも多数紹介しています。
さらに、すべての行事について、
保護者にはどのような話をしたらいいのか、ということも盛り込みました。

行事に追われる保育ではなく、
行事を楽しみ、その活動をきっかけに子どもたちがさらに育つように、
という願いを込めました。

◆

この本が、先生方と子どもたちの輝く笑顔の一助となれば幸いです。

横山洋子 ◆ 中島千恵子

CONTENTS

●行事写真館 …… 2
●はじめに …… 9
●本書の見方 …… 12

4月
入園式 …… 14
始業式 …… 16
エイプリルフール …… 18
全国交通安全運動 …… 19
花祭り …… 21
避難訓練 …… 22
誕生会 …… 26
健康診断 …… 28
昭和の日 …… 30

5月
憲法記念日 …… 32
みどりの日 …… 33
こどもの日 …… 34
愛鳥週間 …… 36
母の日 …… 38
保護者参観日 …… 40

6月
衣替え …… 42
梅雨 …… 44
歯と口の健康週間 …… 46
時の記念日 …… 48
父の日 …… 50
プール開き …… 52
夏至 …… 54

7月
たなばた …… 56
夏祭り …… 58
海の日 …… 60
土用丑の日 …… 62

8月
お泊まり会 …… 64
原爆の日 …… 65
盆 …… 66
終戦記念日 …… 68

9月
防災の日 …… 70
十五夜 …… 72
動物愛護週間 …… 74
敬老の日 …… 76
秋分の日 …… 78

10月
運動会 …… 80
体育の日 …… 84
目の愛護デー …… 85
読書週間 …… 86
いも掘り …… 88
ハロウィーン …… 92

11月
文化の日 …… 94
立冬 …… 95
七五三 …… 96
作品展 …… 98
勤労感謝の日 …… 100

12月
人権週間 …… 102
ノーベル賞授賞式 …… 104
冬至 …… 105
もちつき …… 106
天皇誕生日 …… 107
クリスマス …… 108
大晦日 …… 110

1月
正月 …… 112
七草 …… 114
成人の日 …… 116

2月
節分 …… 118
建国記念の日 …… 120
バレンタインデー …… 121
生活発表会 …… 122
閏年 …… 126

3月
ひな祭り …… 128
耳の日 …… 130
春分の日 …… 131
お別れ会 …… 132
卒園式 …… 136
修了式 …… 138
イースター …… 140

●さくいん …… 142

本書の見方

本書は、行事ごとに、子どもと保護者へのことばかけの例を、行事の成り立ちや由来とともに紹介しています。

こんな日 行事の由来、歴史、意味など。保育者が知っておきたい事柄です。

こんな話を 3、4、5歳児に、わかりやすく行事の意味や由来などを伝えるときのことばかけ例です。

保育に生かそう 保育に生かせる、あそび案、環境構成案、活動案などを取り上げています。

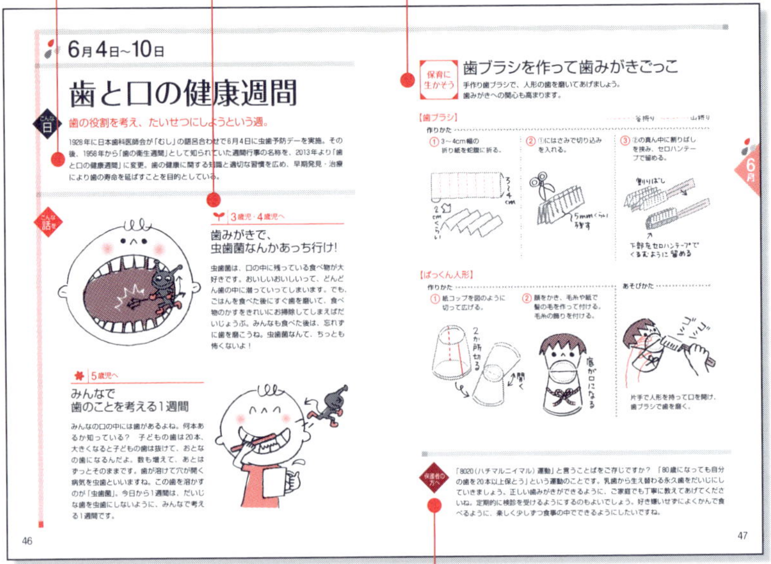

6月4日~10日

歯と口の健康週間

こんな日 歯の役割を考え、たいせつにしようという週。

1928年に日本歯科医師会が「むし」の語呂合わせで6月4日に虫歯予防デーを実施。その後、1958年から「歯の衛生週間」として知られていた週間行事の名称を、2013年より「歯と口の健康週間」に変更。歯の健康に関する知識と適切な習慣を広め、早期発見・治療により歯の寿命を延ばすことを目的としている。

こんな話を

3歳児・4歳児へ

歯みがきで、虫歯菌なんかあっち行け!

虫歯菌は、口の中に残っている食べ物が大好きです。おいしいおいしいって、どんどん歯の中に潜っていってしまいます。でも、ごはんを食べた後にすぐ歯を磨いて、食べ物のかすをきれいにお掃除してしまえばだいじょうぶ。みんなも食べた後は、忘れずに歯を磨こうね。虫歯菌なんて、ちっとも怖くないよ!

5歳児へ

みんなで歯のことを考える1週間

みんなの口の中には歯があるよね。何本あるか知っている? 子どもの歯は20本、大きくなると子どもの歯は抜けて、おとなの歯になるんだよ。数も増えて、あとはずっとそのままです。歯が溶けて穴が開く病気を虫歯といいますね。この歯を溶かすのが「虫歯菌」。今日から1週間は、だいじな歯を虫歯にしないように、みんなで考える1週間です。

46

保育に生かそう 歯ブラシを作って歯みがきごっこ

手作り歯ブラシで、人形の歯を磨いてあげましょう。歯みがきへの関心も高まります。

【歯ブラシ】 谷折り 山折り

作りかた

① 3~4cm幅の折り紙を蛇腹に折る。

② ①にはさみで切り込みを入れる。

③ ②の真ん中に割りばしを挟み、セロハンテープで留める。

【ぱっくん人形】

作りかた

① 紙コップを図のように切って広げる。

② 顔をかき、毛糸や紙で髪の毛を作って付ける。毛糸の飾りを付ける。

あそびかた

片手で人形を持って口を開け、歯ブラシで歯を磨く。

保護者の方へ

「8020(ハチマルニイマル)運動」と言うことばをご存じですか? 「80歳になっても自分の歯を20本以上保とう」という運動のことです。乳歯から生え替わる永久歯をだいじにしていきましょう。正しい歯みがきができるように、ご家庭でも丁寧に教えてあげてくださいね。定期的に検診を受けるようにするのもよいでしょう。好き嫌いせずによくかんで食べるように、楽しく少しずつ食事の中でできるようにしたいですね。

47

保護者の方へ

行事の意味や由来、行事を通しての子どもの姿や保護者に伝えたいことなどを取り上げています。

子どもに話すときのポイント

- まず保育者自身が、その行事の意味を理解しましょう。
- お話の例を丸暗記するのではなく、自分のことばにして伝えましょう。
- 目の前の子どもに合わせ、日ごろのエピソードを盛り込むなど、興味が持てるくふうをしましょう。
- 保育者が一方的に話すのではなく、ときには子どもに質問するなど、やりとりをしながら楽しく話を進めましょう。

＊月の扉(P.13、31、41、55、63、69、79、93、101、111、117、127)の和風月名の由来は、各月諸説ありますが、代表的なものをご紹介しています。1~2か月ほど、現在の季節感とずれがあります。

4月

卯月
うづき

卯の花が咲く月。
稲を植える月だから「植月」という説もある。

入園式

こんな日

新しい友だちが園の仲間になることをお祝いする日。

入園は園における最初の行事。家庭から離れて、保育者や友だちとの生活を楽しめるようにしたい。在園児は、1つ大きくなったという喜びをたいせつに、小さい子に優しくかかわろうとする気持ちが育つようにする。

こんな話を

新入園児へ

おめでとう。楽しくあそぼうね

今日から園のお友だちです。先生も、お兄さん、お姉さんも、みんなのことを待っていました。チューリップもタンポポも、○○(園の飼育動物など)も、「入園おめでとう」って言っていますよ。園には楽しいものがいっぱいあるし、優しいお兄さん、お姉さんたちもいます。あしたから元気にあそびましょう。そして困った時は、なんでも先生に言ってね。

新級児へ

お兄さん、お姉さんとして

今日の入園式で、新しく○人のお友だちがこの園の仲間になりました。みんなよりも小さいお友だちです。まだ園に慣れていないから、どうすればいいかわからなくて困っていたり、泣いたりするかもしれないね。そんな時には、優しくなぐさめたり教えてあげたりしてね。みんなはもう、お兄さん、お姉さんだものね。

保育に生かそう

チューリップバッグのプレゼント

在園児が新入園児と出会う機会に手渡します。「明日から元気に来てね」「待っているよ」といった、小さい子を優しく迎えようとする気持ちが育ちます。

作りかた

① チューリップ型に切った色画用紙（4つ切り）、マチと持ち手（色画用紙）を用意する。

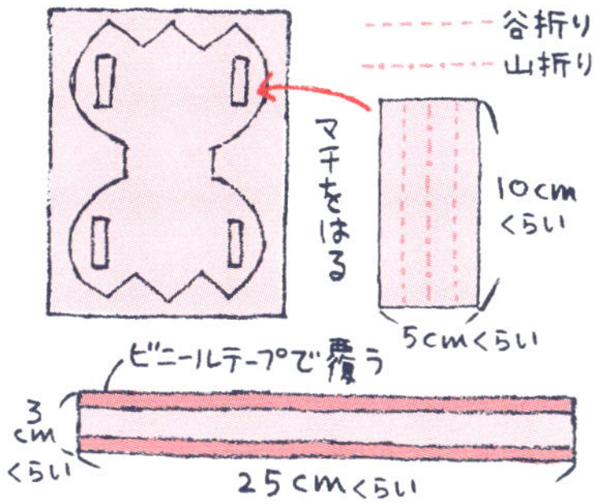

② 色画用紙にサインペンなどで好きな絵をかく。

③ マチと持ち手をつける。マチはのりづけし、洗濯ばさみで留めて乾かす。持ち手はホッチキスで留め、内側をテープでカバーする。

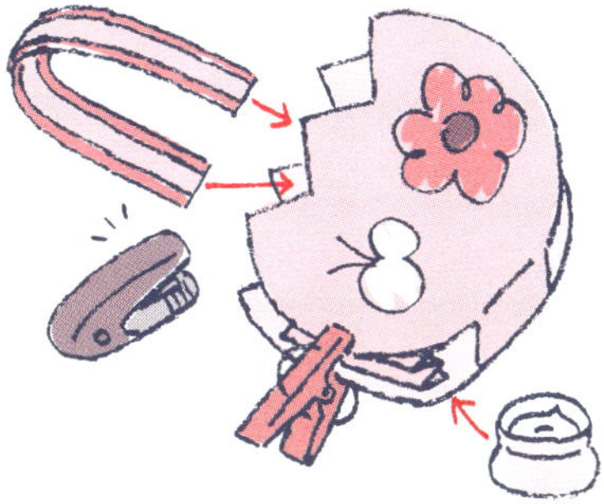

④ 中にお菓子や色紙を入れる。

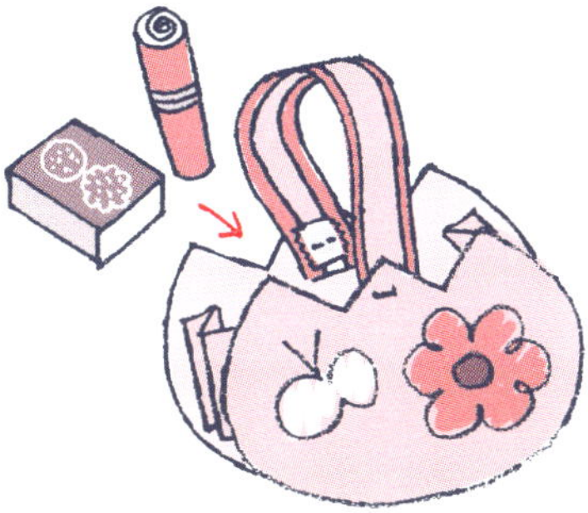

＊新入園児は、自分に接してくれる年上の子どもの顔や動きを見て、憧れや親しみがわき、園でつながりができたような気持ちになる。

保護者の方へ

本日はご入園、おめでとうございます。わたしは○○組担任の□□です。皆様のたいせつなお子様のお世話をさせていただくことになりました。これからの1年、子どもたちがよりよく育つよう、さまざまな経験ができるように力を尽くしてまいりたいと思っております。何か心配なことがございましたら、気軽に声をかけてください。手をたずさえて、お子様の成長を支えてまいりましょう。

4月

始業式（幼稚園）

こんな日

学年が1つ上がり、新しいクラスが始まる日。

始業式は、学期初めの式。ここでは、1学期、新年度の式を取り上げる。進級児は、1つ大きくなった喜びにあふれている。新しいクラスの友だちや保育者といっしょに、これから園生活を送ることに期待が持てるようにする。

こんな話を

4歳児へ

楽しい○○組にしよう

みんなが入園してから1年が経ったね。今日から○○組です。名札の色も変わりましたね。1つ大きくなっておめでとう。これからの1年間、たくさんあそんで、いろいろなことに挑戦して、楽しく過ごしましょうね。困ったことがあったら、いつでも先生に言ってね。みんなが笑顔でいられるように、先生も力を貸しますよ。

5歳児へ

みんなの夢をかなえよう

今日からみんなは年長組さんですね。園でいちばんのお兄さん、お姉さんになりました。おめでとう。年長組さんになったらこんなことしたい！と思っていたこと、たくさんあるでしょう？　みんなの夢がかなうように、先生も応援しますね。みんなで力を合わせて、楽しい○○組に、そして園のみんなが幸せになるように、園の暮らしを作っていきましょう。

保育に生かそう

1つ大きくなってやりたいこと

進級した喜びを胸に、やってみたいことを考えて発表します。
思いついた子どもから立ち、発言できるようにします。

行いかた

① みんなの顔が見えるように、いすを円形に並べて座る。やりたいことを思いついた子から、立って発表する。

② 保育者は文字や絵で板書し、名前も記していく。

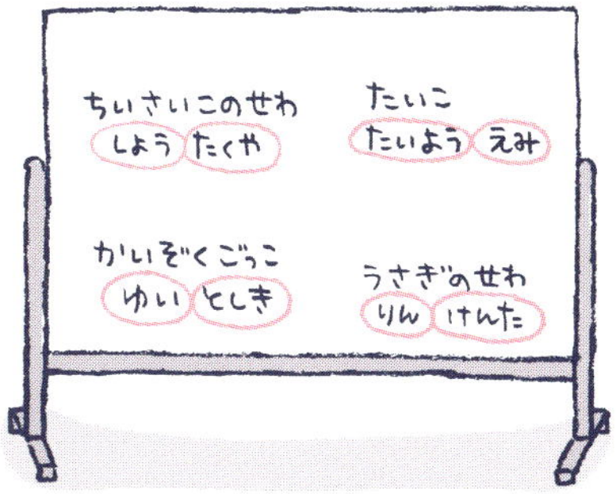

③ 子どものやりたいことや夢は漠然としているので、どうすれば実現できるのかを子どもたちと話し合う。図のように、すぐにできるもの、後でやるものや準備がいるものをそれぞれ囲む。
「小さい子の世話」ならば、どんなことをすればいいのか具体的にたずね、しごとの内容を明らかにしていく。

例：玄関で待っていて、「おはよう」と優しく声をかけ、保育室まで連れて行く。
例：シールをはったりかばんをあけたりする場所を教え、手伝うなど。

＊子どもの発言に対して、「いいことを考えたね」「その中でどんなことをしたいの？」とイメージを具体化していく。発言が出ない子には、「やりたいことが見つかったら教えてね」などと声をかける。

保護者の方へ

進級おめでとうございます。昨年の1年間で子どもたちはいろいろなことを経験し、心も体も立派に成長してきました。今年度はさらに五感を通して環境にかかわったり、けんかもしながら、どうすれば自分の思いを伝えられるかを考えたりと、生きる力を豊かにはぐくんでいきたいと思っております。ご協力のほど、よろしくお願いいたします。

4月1日

エイプリルフール

こんな日

年に1度、みんなが笑えるうそなら言ってもよい日。

4月1日は、冗談だとわかるうそならついても許されるという風習のことで、「4月ばか」と訳される。起源は定かではないが、16世紀フランスで1月1日を新年とするグレゴリオ暦の採用への反発から4月1日を「うその新年」としてばか騒ぎを始めたといわれている。

こんな話を

3歳児・4歳児へ

楽しいうそを言ってもよい日

4月1日は、1年に1日だけみんなが笑えるうそをついても怒られない日のことです。うその話を聞いて、悲しくなったり怖くなったり困ったりしたら、とても嫌な気持ちになりますね。でも、みんなが笑えるようなうそを聞いたら楽しい気持ちになりますよね。みんなもたくさんワハハと笑えるうそを言いましょう。

5歳児へ

笑えるうそはお祭り気分

昔ヨーロッパでは、春分の日が新年で4月1日まで春のお祭りをしていましたが、フランスの王様が1月1日を新年とするように変えてしまったのですって。それに反対する人々が「4月1日はうその新年」と言って、それまで通りお祭りを続けたのが始まりといわれています。お祭りは楽しいものだから、聞いて笑えるような楽しいうそならば言ってもよい日になったのです。

保護者の方へ

エイプリルフールは冗談だとわかる、楽しいうそを言ってもよい日です。笑う門(かど)には福来(きた)る。子どもたちは、いろいろ楽しいうそを考えて言い合いました。「うそだよ」「やられた」という会話があちこちでありました。お母様（お父様）も「やられた！」と思ったら、たくさん笑ってください。そして、ぜひお子さんと笑い合えるようなうそを考えてみてくださいね。

4月6日～15日

全国交通安全運動

こんな日

交通ルールのたいせつさを考える週。

戦後、交通事故の数が増加し始めたため、国民の交通安全への意識を高めようという目的で1948年から実施。春と秋の年2回、それぞれ10日間実施される（秋は9月21～30日）。交通安全教室などを通して、交通ルールを守り安全に行動できるように伝えている。

こんな話を

3歳児・4歳児へ

青信号、「右左右」を確認して出発！

外に出たら、いつでも周りをよく見て歩きましょう。急に角から飛び出したり、信号のないところを渡ったりすると、車を運転する人から見えなくて、事故にあうことがあります。信号のあるところでも、青信号になってから、右左、そしてもう一度右を見て、だいじょうぶだったら進みます。おとなといっしょのときでも、自分で気を付けるようにしましょう。

5歳児へ

安全な道を選んで歩こう

人が歩く道を「歩道」といいます。車の道とはっきり分かれているところもあれば、線だけのところ、線のないところもあるよね。向こう側に渡るときには、信号や横断歩道、歩道橋などがあります。外を歩くときは、急いでいても近道を行かずに、「ここは危なくないかな？」と考えて、少し遠くても、安全な道を通るようにしましょう。

保育に生かそう

交通標識クイズ

道路を使う時には共通の決まりがあること、それを見てわかるマークや絵で表示しているものが標識であること、記号や印は生活に便利なものであることなどを伝えます。道路にある標識について、わかりやすいように、クイズ形式で行います。

準備

歩行者にかかわるものでカードを作る。A3くらいの用紙に、マークや意味をかく。

＊規制標識（だめなことがあることを知らせるもの）、指示標識（交通方法が決まっていることや、決められた場所などを指示するもの）、警戒標識（運転する人に、気を付けて、注意して、よく見てくださいと知らせているもの）、案内標識（どっちへどう行けばよいのかがわかるように知らせているもの）などがある。

自転車専用
自転車だけが通る道です

横断歩道
横断歩道があります

踏切あり
近くに踏切があります

○○まで□km

歩行者専用
歩く人だけが通る道です

安全地帯
安全なことを知らせます

動物が飛び出すおそれあり
動物が急に飛び出してくることがあります

バス乗り場

歩行者通行止め＝ここは歩く人は入ってはいけません
自動車専用＝自動車だけが通る道です
並進可＝普通自転車は、２台並んで通行できます
道路工事中＝道路工事をしています　など。

行いかた

保育者「道路には交通ルールを絵で表したものがあって、それを標識と言います。見てわかるようになっていますよ。どんな決まりだと思う？」と言いながら、カードを見せていく。

＊マークや標識に、子どもは興味を持つので、歩行者用以外のものを見せても。お散歩の際、標識を見つけた時に、興味を持てるようなことばをかけていく。

保護者の方へ

一歩外に出たら危険がいっぱいです。今日は、子どもたちに歩道と車道の区別、信号や横断歩道のことなどについて話しました。でも、実際の歩道では、ガードレールがついているところ、線だけのところ、自転車があって通りにくいところなどいろいろです。お子さんと歩いた時に、気を付ける点を教えてあげてください。また、横断歩道では必ず一時ストップし、渡る時も右を見て左を見てもう一度右を見てから渡るようにしてくださいね。

4月8日

花祭り

こんな日

お釈迦様の誕生日を祝う日。

お釈迦様の誕生日を祝う仏教行事。灌仏会、降誕会、仏生会などともいわれる。お釈迦様は現在のネパールの釈迦族の王子として生まれ、その後出家して悟りを開き、教えを説くため、生涯旅を続けた。その教えを尊ぶために行われる行事である。

こんな話を

3歳児・4歳児へ

人に優しい気持ちを

お釈迦様は、みんなが幸せに暮らせるようになるには、「ありがとう」という気持ちを持つこと、悲しんでいる人に「どうしたの？」と声をかけてあげること、人に親切にすることなど、だいじなことを教えてくださいました。周りの人に対して優しい気持ちでいると、みんなが幸せになれますね。

5歳児へ

今日はお釈迦様の誕生日

今日はお釈迦様の誕生日を祝う日です。お釈迦様は、生まれたとき「オギャー」と泣かずに、7歩あるいて止まり、こんなふうに指さして（右で天を、左で地を指さす）、「天上天下唯我独尊」とおっしゃいました。「世の中でとてもたいせつな自分」という意味です。空からは甘い雨が降って、多くの花が咲き、鳥や動物たちが誕生をお祝いしたそうですよ。

保護者の方へ

今日は、お釈迦様の誕生日を祝う花祭りです。お釈迦様は、みんなが幸せになるためにはどうしたらよいかを考え、悟りを開かれました。それで、子どもたちに、「どうしたら友だちをうれしい気持ちにしてあげられる？」と尋ねると、「泣いていたら頭をなでてあげる」「おもちゃを貸してあげる」など、優しい答えが返ってきて、わたしも温かい気持ちになりました。おうちでもたずねてみてくださいね。

4月～3月

避難訓練

こんな日

火事や地震が起きた時、安全に逃げられるよう練習をする日。

いざというときに慌てず、素早く行動するには、日ごろの練習がたいせつ。火事になったら、地震が起きたらどう行動するのか、避難場所や避難のしかたなどを段階的に訓練する。子どもたちが不安にならず、保育者を信頼して行動できることが重要。

こんな話を

3歳児・4歳児へ

慌てない、
走らない、押さない

ベルの音が聞こえましたか？　ベルが鳴った時はびっくりしたでしょう。でも、すぐに静かになって、よく先生の話を聞いていましたね。これはだいじなことです。慌てて飛び出したり、走ったり、前の人を押したりしてはいけません。転ぶと大けがをしてしまいます。静かに慌てずに逃げることがとてもたいせつなんですよ。

5歳児へ

静かに話を聞きましょう

今日は園であそんでいるときに火事になったらどうするか、という練習をします。心配しなくてもだいじょうぶ。安全な場所に、みんなでいっしょに行きますよ。もし、火事や地震になったら、すぐに先生を見て静かにしましょう。そうしたら、先生のだいじなお話がよく聞こえます。

保育に生かそう1 「お・か・し・も」の約束

避難の時の約束を絵にします。約束を守らないとどうなるか、子どもたちがわかるように話します。

山折り

準備

カードを作る。
（半分にした時、A3くらいの大きさ）

おさない　かけない　しゃべらない　もどらない

行いかた

① 初めに上半分を見せて話し、もし約束を守らないと、どうなってしまうかを考える。
押すと→倒れる
駆けると→転ぶ
しゃべって話を聞いていないと→行ってはいけないところへ行ってしまう
戻ると→危険なところに戻ってしまう　など。

② 下半分の絵を見せて、子どもが視覚で理解できるようにする。「お→か→し→も」の順で見せる。

③ 覚えやすいように、声に出して言う。

④ 絵を掲示して、いつでも見られるようにする。

保護者の方へ

今日は避難訓練をしました。園では、火事の時には園庭へ、地震の時には頭と体の保護をした後に子どもたちを避難誘導することになっています。園内のいちばん安全な場所へ、慌てずに素早く動く練習をしました。何か起こったら、すぐに静かにしてだいじな指示を聞くということもわかりました。おうちでは、どういうやりかたで身を守るのかということを、お子さんと話し合っておくとよいですね。

✿ 4月～3月　避難訓練

保育に生かそう 2　安全なポーズはどれ?

指示を出す保育者は、笑顔でやらずに真剣な顔で行い、子どもにわかりやすく、何度も繰り返して伝えることがたいせつです。

行いかた

① 3つのポーズを確認する。

火事
鼻と口を両手で押さえてしゃがむ。(煙を吸い込まないように)

地震
姿勢を低くし、頭を守る。(落ちてきたものが当たらないように)

台風
友だちと肩を組んでしゃがむ。(風に飛ばされないように)

＊お尻をつけて座らない。

② 保育者のことばを聞いて、素早く安全なポーズをとる。

③ 保育者が「もうだいじょうぶになりました」と言ったら、ポーズをといて立つ。

保育に生かそう3 防災ずきんをかぶってみよう

いざというときに慌てないように、日々の訓練がたいせつ。
練習しておきましょう。

行いかた

防災ずきんの保管場所、使いかた、しまいかたなどを伝える。

- 保管場所を知らせる。
- 保管箱には、子どもがわかるようにマークをつける。
- 地震のときには、選ばずに使う。
- しまうときは、次に出しやすいよう、きちんと重ねて入れる。「消防士さんもきちんとホースを巻き直して、すぐ使えるようにしていますね」などと意識づけをする。

練習のポイント

- 初めはゆっくりと、かぶりかたがわかるように伝える。
- 次に、「かぶりましょう！」の合図とともにかぶるようにする。早くかぶれるように、何回かやってみる。タイムを計って、早さを意識させてもよいが、ゲームではないので「よーいドン」などのことばは使わない。

誕生会

こんな日

生まれた日をたいせつに思い、みんなでお祝いをする日。

子どもにとって年に1度の誕生日を祝う誕生会は、ひとりひとりがみんなから祝福され、たいせつな存在であることを実感できる行事。クラスごとで、園全体でなど、園によって会の持ちかたは異なるが、大きくなった喜びをみんなで共感することがたいせつ。

こんな話を

3歳児・4歳児へ

ひとりひとりがたいせつなんだよ

誕生日って何？　そう。生まれた日のことですね。みんなの誕生日はいつかな？（みんな口々に言う）…先生は○月△日生まれです。誕生日が来ると、みんな1つ大きくなりますね。3歳の人は4歳に、4歳の人は5歳に。1年に1回の、特別にたいせつな日。とてもうれしい日ですね。

5歳児へ

みんなでお祝いするから、すてきなんだね

誕生会は、お友だちの誕生日をみんなでお祝いして、いっしょに楽しむ会のことです。今日は○○ちゃん（○月生まれさん）の誕生会。みんなで「○○ちゃんおめでとう」って言ったり、歌をうたったりしてお祝いしましょう。それから、いっしょに楽しいことをやるのでお楽しみに。すてきな誕生会になりそうですね。

保育に生かそう

誕生日カードを作ろう

この世に生を受けた喜びを実感していけるように、保育者と子どもたちとで、心の込もったカードを作りましょう。

準備

カード（B4くらいの大きさ）を作る。

〈3歳児〉

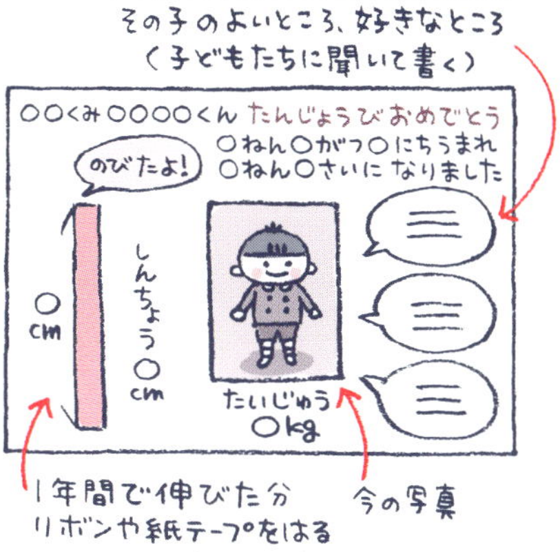

〈4・5歳児〉

子どもとのやり取りの例

保育者：「今日は○○くんの誕生日です。○○くんのお母さんは、『生まれてきてとてもうれしかった』と話してくれました。何歳になりましたか？」
子ども：「□歳！」
保育者：「△歳から1年たって、□歳になりましたね。その間にこれだけ背が伸びたんですよ！（リボンの長さを見せる）△歳のときはこのくらいだったんですね。1年間で大きくなりましたね。どうしてかな？」
子ども：「いっぱいごはんを食べたから！」
保育者：「お母さんやお父さんがごはんを作ってくれるんだもんね」
…などと、自然に周りの人々への感謝の気持ちにつながるように会話を広げる。

保護者の方へ

1つ大きくなることは、お子さんにとってとてもうれしく誇らしいことです。みんなが「おめでとう」と祝ってくれる喜び、お友だちの誕生日を祝ってあげるうれしさを共有しながら、楽しい誕生会にしたいと思います。誕生児には、お父さん・お母さんに感謝する気持ちを持ち、「ありがとう」とお礼を言うことも伝えていきたいです。

4月～3月

健康診断

こんな日

自分の体と健康に関心を持つ日。

毎年定期的に行い、その結果を記録し健康診断書を作成する。医師による健康診断や身体測定を行うが、その際には子どもたちが自分の体や健康に関心を持つ機会にすることが望ましい。

こんな話を

3歳児・4歳児へ

みんな大きくなったかな?

今日は身長という背の高さと、体重という体の重さの2つを測ります。やりかたはわかるかな？　背すじを伸ばしてしっかり立って「身長」、静かに台の上に立って「体重」を測ります。みんな、ごはんをよく食べて、いっぱいあそんで、よく眠っていたから、きっと前より大きくなっているよ。楽しみだね。

5歳児へ

病気をしない体を持とう

「健康」って、病気をしない体を持つことです。みんなの体には、いろいろたいせつな働きをするものがありますね。おなか、目、耳、鼻、のど、歯…。これをお医者さんに診てもらって、元気ならうれしいし、もしどこか病気だったら、早く見つけて治すことができます。だからよーく診てもらって、病気にならない健康な体になりましょう。

保育に生かそう

健康診断ってどんなこと?

健康診断で測定したり検診したりする項目を、子どもたちにわかりやすく説明しましょう。

準備

ポスターとはりつけ用の吹き出しを作る。

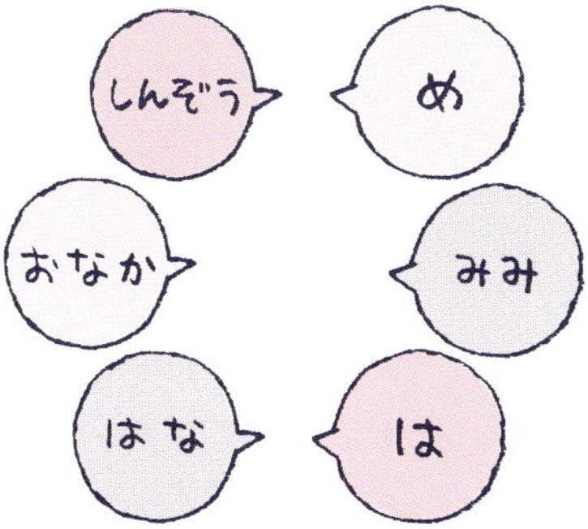

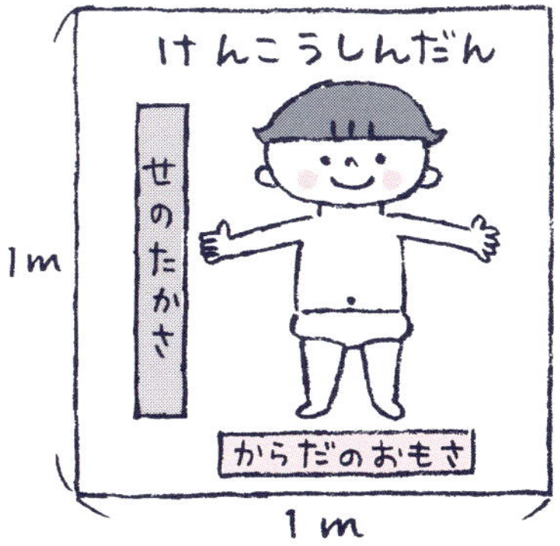

行いかた

① 初めに、どんなことをやるのか、全体の流れを説明する。

② その後は、検査を行う前や後に、ポスターに吹き出しを両面テープではっていきながら意識づけをする。
「今日は目の検査をします。どこまで見えるかな？」「あしたは歯の検査だよ。虫歯はないかな？」など。

＊身長・体重の日、耳鼻科の日、歯科の日…と、何週間かに分けてやることが多いので、その間掲示しておいて、体に興味が持てるようにする。

保護者の方へ

今日は健康診断をしました。○○科のお医者様が来て、診てくださいました。初めは不安そうな様子が子どもたちに見られましたが、診察していただくのはだいじなことだとわかって、みんなきちんと受けることができました。健康診断の結果につきましては、随時個別にお知らせいたします。

4月29日

昭和の日

こんな日

今は平成でその前は昭和。昭和を忘れないようにする日。

1989年に亡くなった昭和天皇の誕生日。生物学者であり自然を愛した昭和天皇をしのぶ日として「みどりの日」となっていたが、法律の一部改正により、2007年から「激動の日々を経て、復興を遂げた昭和の時代を顧み、国の将来に思いをいたす」ために「昭和の日」と改められた。みどりの日は5月4日に移動。国民の祝日。

こんな話を

3歳児・4歳児へ

昭和を忘れないように

みんなは平成○年生まれと平成△年生まれですね。平成の前は「昭和」という時代でした。みんなのおじいさん・おばあさんは昭和生まれですね。4月29日は昭和という時代の昭和天皇という方のお誕生日です。昭和の時代は、みんなが一生懸命に働いて、たくさんのものを作りがんばっていました。その昭和の時代を忘れないようにしましょうという日です。

5歳児へ

昭和時代の生活を知ろう

「平成」の前は「昭和」という時代でした。昭和には、大きな戦争があって食べ物や家がなくなるという、たいへんな時代でした。それでもみんながんばったから、幸せに暮らせるようになってきたのです。冷蔵庫やテレビ、車や新幹線などの乗り物、昭和の時代にできた楽しいものや便利なものがいっぱいあります。おじいさん・おばあさんに話を聞いてみるとよいですね。

保護者の方へ

昭和天皇の誕生日が「昭和の日」になりました。昭和は激動の時代ともいわれ、戦後の復興から高度成長を経て、人々の生活が大きく変わりました。今の便利さは昭和時代があったからこそですね。ぜひ、おじい様・おばあ様方の子ども時代の暮らしの様子、好きだったあそびやテレビ番組・歌などをお子さんといっしょに聞いてみてくださいね。びっくりすることがたくさんあることでしょう。

5月

皐月（さつき）

早月とも書く。
早苗を植える月という意味。

5月3日

憲法記念日

こんな日

日本に住む人々の決まりである日本国憲法を行うようになった日。

現行の憲法は、明治憲法に代わり1946年に公布され、1947年に施行された。国民主権・基本的人権の尊重・平和主義を三大原則とし、象徴天皇制、三権分立、戦争放棄などを規定している。「日本国憲法の施行を記念し、国の成長を期する」日。国民の祝日。

こんな話を

3歳児・4歳児へ

ルールがあると、安心、楽しい!

園にもルールがあるよね。そう、廊下を走らないとか、手を洗うときは順番に並ぶとか。みんなはちゃんと守っているから、けがをしないで楽しく過ごせるんだよね。それからサッカーはどう？　手を使わないというルールがあるからおもしろいよね。自分たちで作った「キーパーは2人ずつ」っていうルールも楽しかったね。ルールってあると便利なものなんだね。

5歳児へ

幸せに暮らすための決まりがあるよ

日本にはたくさんの人が住んでいますね。その人たちが、自分さえよければいいと言って、勝手なことをしたらどうなるかな？　あちこちで交通事故が起こったり、お店や病院では「自分が先！」とけんかになったり、たいへんなことになりますね。みんなが幸せに暮らすために決めた「憲法」という約束を、守っていきましょう。

保護者の方へ

昭和22年5月3日に日本国憲法が施行されました。子どもたちには、日本国憲法は日本の国民みんなが幸せに暮らしていくための決まりごとであるという話をしました。報道・マスコミなどでとりあげられることもあるでしょうから、日本国憲法の内容に関心を持って、家族の中の話題にしてみるのもよいですね。

5月4日

みどりの日

こんな日

自然のすばらしさを知り、たいせつにする気持ちを持つ日。

「自然に親しむとともにその恩恵に感謝し、豊かな心をはぐくむ」ことを目的とし、1989年に制定。法律の一部改正により、2007年より、4月29日から5月4日に移動。元は昭和天皇の誕生日としての祝日だった4月29日は、「昭和の日」となる。国民の祝日。

こんな話を

3歳児・4歳児へ

緑はみんなの仲間だよ

みんなは木や花を見ていると、どんな気持ちになる？　先生はとてもいい気持ちになってきます。だんだん芽が大きくなってくるのを見ると、「がんばれ」って応援したくなります。木や花も、みんなといっしょに大きくなっていく仲間なんだね。また、お庭や公園に探しに行ってみよう。

5歳児へ

緑の木に「ありがとう。だいじにするよ」という日

5月4日は、みどりの日といって、みんなの周りにある木や花をたいせつにしようという日です。園の庭にも木や花がいろいろあるよね。木は根を張って、山が崩れるのを防いだり、強い風から守ってくれたりするし、木陰を作って涼しくもしてくれます。とても役にたってくれている緑のお友だちに、「ありがとう」って言おうね。

保護者の方へ

木々の中にいると心がほっとしますね。木や草は動いたり話したりしませんが、枝や葉を広げ花を咲かせ、わたしたちに命と成長を語っています。子どもたちに、自然の生命力や美しさ、命などを感じ、周りにある自然をたいせつにしようとする気持ちを育てたいと思います。歩く道すがら、お子さんと小さな自然をたくさん見つけてくださいね。

5月5日

こどもの日

こんな日

子どもが成長していることを祝い、その幸せを願う日。

五節句のひとつである端午の節句にあたる。近世以降は男子の節句とされ、1948年に「こどもの人格を重んじ、こどもの幸福をはかるとともに、母に感謝する」日として制定。滝を登る鯉のように子どもが健やかでたくましく育ってほしいという願いを込めて、こいのぼりを立てる。国民の祝日。

こんな話を

3歳児・4歳児へ

こいのぼりは「元気に育って」という願いだよ

みんな、鯉っていうお魚を知ってる？　鯉は水が流れる反対の上流に向かって、川や滝をぐんぐん登っていく魚です。鯉のように元気でたくましくなりますようにという願いを込めて、こいのぼりを飾るんですよ。こどもの日は、空に泳ぐこいのぼりを見て、みんなが元気で大きくなったことをお祝いする日です。

5歳児へ

柏もちを食べて幸せを願います

こどもの日には柏もちというおもちを食べます。あんこを挟んだおもちをカシワという木の葉っぱに包んだお菓子です。カシワの木は、新しい芽が出るまで古い葉っぱが落ちないので、いつも葉っぱがついています。そんなカシワのように、家には子どもが生まれ、いつも元気な家族がいて、幸せがずっと続きますように、という願いが込められています。

保育に生かそう かぶとと衣装を作ろう

昔から伝わる折りかたを覚えて作ります。大きな紙で作って、かぶってあそんでも楽しいですね。

【かぶと】

------ 谷折り -·-·-·- 山折り

作りかた

① 谷に折る。

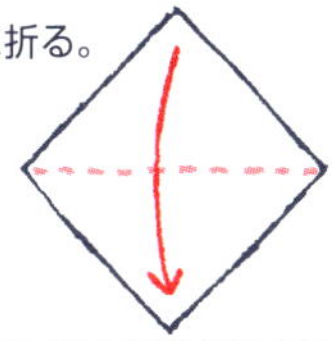

② 谷に折って折り筋をつける。

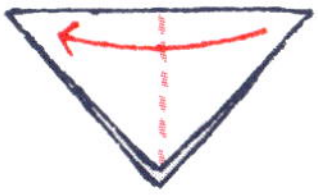

③ 谷に折る。

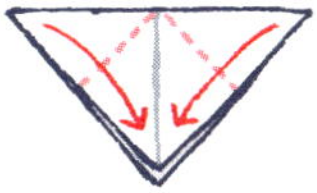

④ 上の1枚を谷に折る。

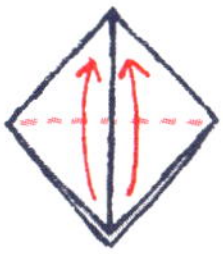

⑤ 谷に折る。

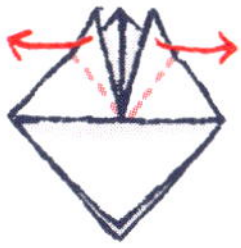

⑥ 上の1枚を谷に折る。

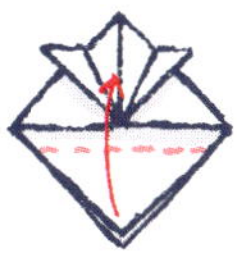

⑦ 谷に折る。

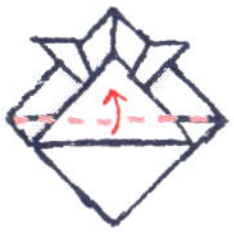

⑧ 山に折る。

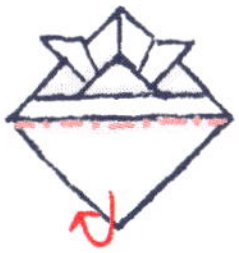

⑨ できあがり。

【衣装】

作りかた

① 首が入るくらいに切る。○、☆、△などに切った色紙で飾る。すずらんテープを背中に留める。

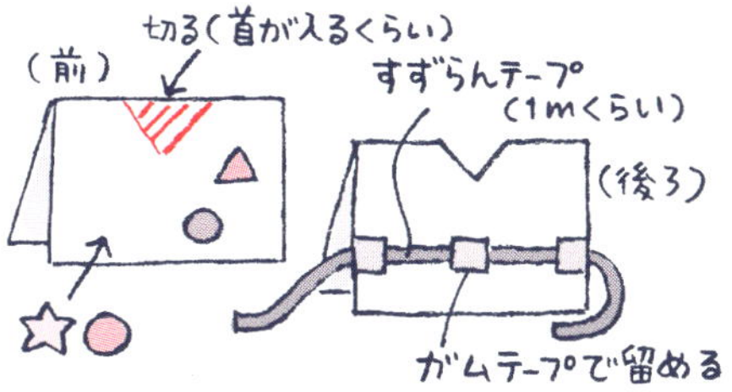

② 前でしばる。

保護者の方へ

元々は「端午の節句」といって男の子の節句でしたが、今は男の子も女の子もいっしょに「こどもの日」としてお祝いしています。皆さんのお宅ではショウブ湯に入りますか？昔からショウブは薬草とされており、その強い匂いは邪気や悪魔を祓(はら)うといわれていました。厄除けなのですね。今日はお子さんといっしょにショウブ湯に入り、いろいろお話をしてみてはいかがでしょう。

5月10日〜16日

愛鳥週間

こんな日

いろいろな鳥がいることを知り、命のたいせつさを考える週。

1894年、アメリカで小鳥を守ろうという目的で行った「バードデー」が始まり。日本では1947年4月10日に「愛鳥の日」ができ、1950年に5月10〜16日の1週間を愛鳥週間とした。期間中は、野鳥の保護や自然保護のためのさまざまな催しが行われる。

こんな話を

3歳児・4歳児へ

鳥のことをもっと知ろう

みんな、鳥についてどんなことを知っている？　そう、とてもいい声ですね。鳥の声が聞こえると、いい気持ちになります。それに、農作物を食べる悪い虫を食べてくれたりもするんだって。鳥はそれぞれ、すむところや暮らしかたが違うから、この鳥はどんなことが好きなのかな？って調べてみるとおもしろいですよ。

5歳児へ

みんなで鳥をたいせつにしよう

みんなの周りにはどんな鳥がいる？　おうちの中で飼っている人もいますね。外の広いところにすんでいる鳥もたくさんいます。人間に飼われずに、山や森の自然の中で暮らしている鳥を野鳥っていうんだよ。そんないろいろな鳥たちを、みんなでたいせつにしようねって考える１週間を「愛鳥週間」といいます。

保育に
生かそう

かわいい小鳥を作ろう

折り紙で小鳥を作りましょう。谷折り、山折りなど、折る向きを理解できるようにします。

谷折り　山折り

作りかた

① 谷に折る。

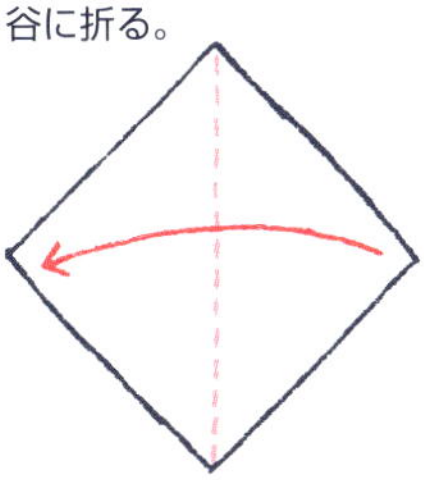

② 上の1枚を谷に折る。

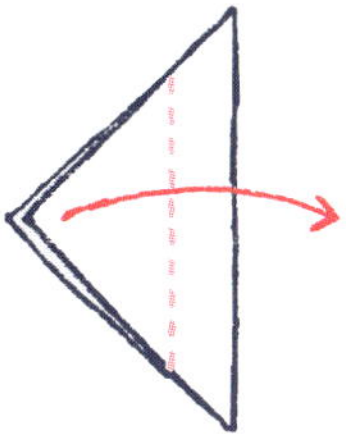

③ 山に折る。

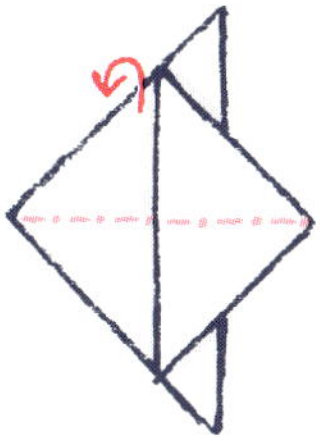

④ 山に折って折り筋をつけ、中割折りで頭を作る。

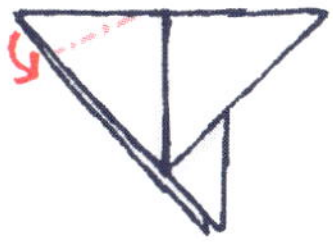

⑤ 谷に折って足を作る。裏も同様にする。

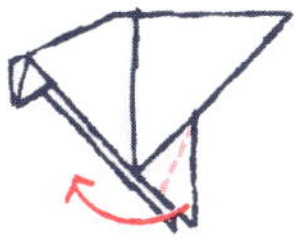

⑥ 目をかいてできあがり。

⑦ いろいろな大きさや柄の紙でたくさん作り、大きな木をかいた紙に飾っても楽しい。

保護者の
方へ

鳥にはいろいろな種類があります。園で飼っているブンチョウやニワトリのほかにも、動物園で見る鳥、木々にやってくる野鳥、よく見かけるスズメ・ハト・カラスなど、子どもたちの知っている鳥がたくさん話題になりました。飼っている鳥は命をわたしたちに預けていますから、しっかりとお世話をしていきます。また、鳥がすむ自然や森の木々をたいせつにしていくこともだいじですね。

5月 第2日曜日

母の日

こんな日

お母さんに「ありがとう」と、お礼の気持ちを伝える日。

20世紀の初め、アメリカに住むアンナ・ジャービスが、亡くなった母親の追悼式で、母親が好きだった白いカーネーションを捧げたことから、それがアメリカ全土に広まり、1914年に5月の第2日曜日が母の日として制定された。日本に定着したのは戦後になってから。

こんな話を

3歳児・4歳児へ

お母さんに「ありがとう」を伝える日

みんなのお母さんは優しい？　ちょっと怖い時もある？　みんなはお母さんのことが好きだよね。お母さんも、みんなのことが大好きなんだよ。母の日は、いつもみんなのために、いろいろなことをしてくれるお母さんに、ありがとうというお礼の気持ちを伝える日です。

5歳児へ

お母さんが喜ぶことをしよう

お母さんは、いつもみんなのために忙しく働いています。どんなことをしてくれる？（「お料理」、「お買い物」、など、子どもたちが答える。）母の日にはみんなができるお手伝いをして、お母さんのお休みの日にしてもいいね。みんなには、どんなことができるかな？

※ 母の日は、母親のいない子どもへの配慮について、園でよく話し合っておきましょう。

保育に生かそう　カーネーションを作ろう

折り紙でカーネーションを作りましょう。蛇腹折りの折りかたを理解できるようにします。

-------谷折り　-・-・-・-山折り

作りかた

① 半分に切った折り紙を、1cm幅で蛇腹折りにする。

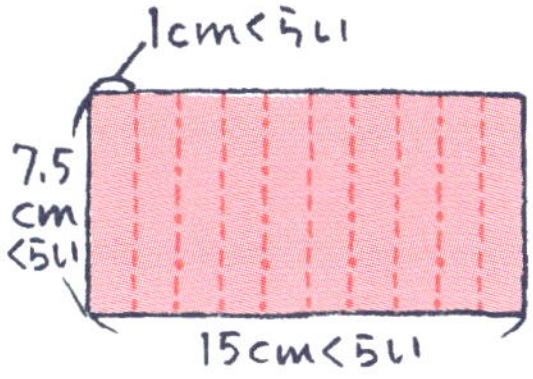

② 重ねたまま、上部をカットする。

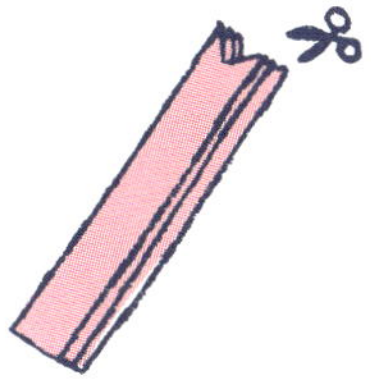

③ ストローを挟んで、セロハンテープで留める。

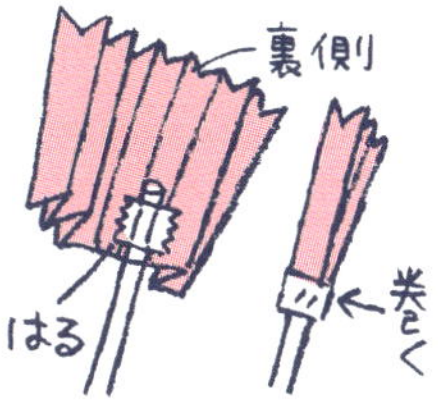

④ 上を広げる。

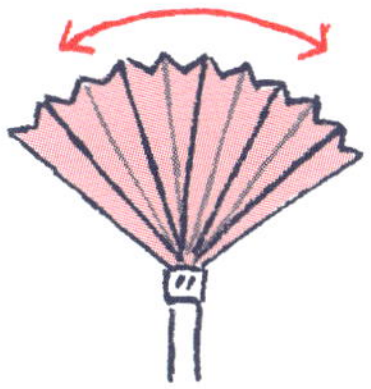

⑤ 細く切った緑色の折り紙を、セロハンテープでストローにはる。

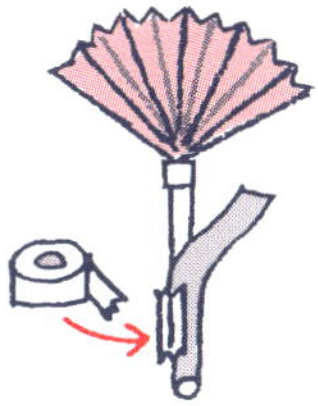

⑥ たくさん作って、花束にしても。

【3歳児には…】

作りかた

① パーツを用意する（1つにつき４枚）。

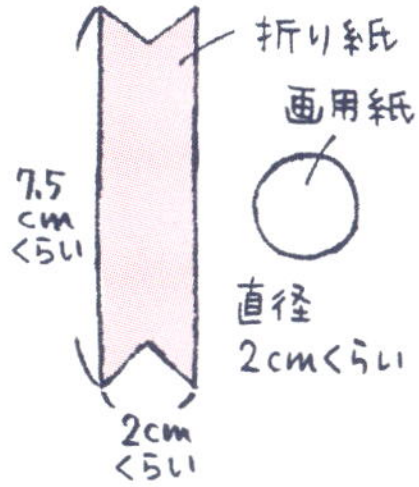

② 丸い紙を中心にして、はり重ねる。

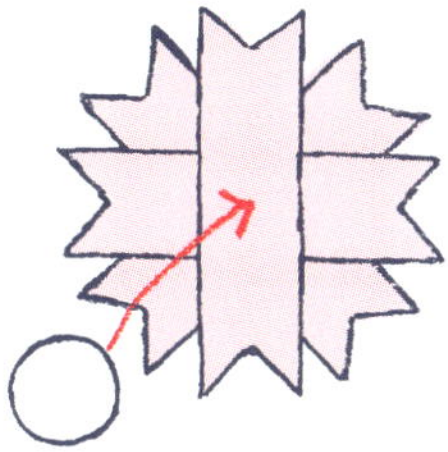

③ できたら、ストローにはりつける。

保護者の方へ

今日は大好きなお母さんに感謝の気持ちを込めて、みんなが一生懸命にプレゼントを作りました。「ありがとう」のことばとともに、受け取ってあげてくださいね。赤ちゃんの時の写真をお子さんと見てはいかがでしょうか。小さかった自分にびっくりし、お母様・お父様のおかげで大きくなったうれしさを感じることでしょう。

5月〜3月

保護者参観日

こんな日

子どもたちが園でどのように過ごしているのかを知ってもらう日。

子どもたちはどんなふうに園で生活しているのか、どんな友だちがいるのかなど、普段の様子を見てもらい、保護者に園生活と子どもを理解していただく行事。事前に保育活動の意図を明確に知らせる。定期的に開催し、子どもの成長を喜び合えるようにする。

こんな話を

3歳児・4歳児へ

いっしょに楽しもうね

今日は保護者参観日です。おうちの方がたくさん園に来てくれてうれしいですね。お父さん・お母さんといっしょに何をしてあそびましょうか？　園の中にあるものを見せたり教えてあげたりすることもできますね。いろいろなところに連れて行ってあげていいですよ。みんなの大好きな「○○の歌」を元気に歌って聞いてもらいましょうね。

5歳児へ

いろいろ見てもらおう

今日は保護者参観日です。昨日からみんな楽しみにしていましたね。園で元気いっぱいにあそんでいるところをお父さん・お母さんに見てもらいましょう。いっしょにやりたいこと、見せたいことは決まっていますか？　年長さんになってできるようになったこと、がんばっていることをたくさんお話ししてくださいね。

保護者の方へ

今日は保護者参観日です。子どもたちはお父様・お母様方がいらっしゃることをとても楽しみにしていました。かなりテンションが高いです。皆様方も子どもたちといっしょに、どうぞ一日楽しんでください。いつもと違う雰囲気で、甘えん坊になったり恥ずかしがったり、はしゃいだりする姿も見られると思いますが、ご心配なさらず、にこにこ笑顔で見守ってくださいね。

6月

水無月（みなづき）

田んぼに水をはる「水の月」という意味。梅雨が終わって、水が涸（か）れる月という説もある。

6月1日

衣替え

こんな日

暑い夏を快適に涼しく過ごせるように、夏ものに替える日。

平安時代の宮中で、1年を2つに分け、4月1日から夏、10月1日から冬のものに替えていたのが始まり。当時は衣服だけでなく家具なども替えていた。明治に入って新暦に変わり、6月からが夏となった。現在、学校や会社の制服は、6月1日と10月1日に衣替えが行われている。

こんな話を

3歳児・4歳児へ

いろいろな人が衣替えをするよ

きょうから6月で「衣替え」。季節も夏になるので、服も夏のものに着替えましょうという日です。暑い夏は、短い袖で薄い布の服を着ると涼しいですね。みんなの周りでも、いろいろな人が衣替えをします。中学生や高校生のお兄さん、お姉さん、おまわりさん、駅員さん、バスの運転手さん…まだまだいるかな？

5歳児へ

カーテンも夏用に替えてスッキリ!

昔の衣替えでは、服だけじゃなくて、お部屋の中のものも取り替えていたんだって。今でも、カーテン、座布団やクッションのカバーなどを夏用のものに取り替えると、さっぱり涼しい感じになって、とてもよい気分になります。今まで使っていたものは、晴れた日に洗ってよく乾かし、冬の衣替えまでちょっとお休みしてもらいましょう。

着せ替え人形を作ってあそぼう

保育に生かそう

型どりのしかたや肩かけ部分の必要性などを伝え、いろいろな服を考えて作っていきましょう。

準備

厚紙で人形を作っておく。
洋服の紙に、肩の線を引いておく。

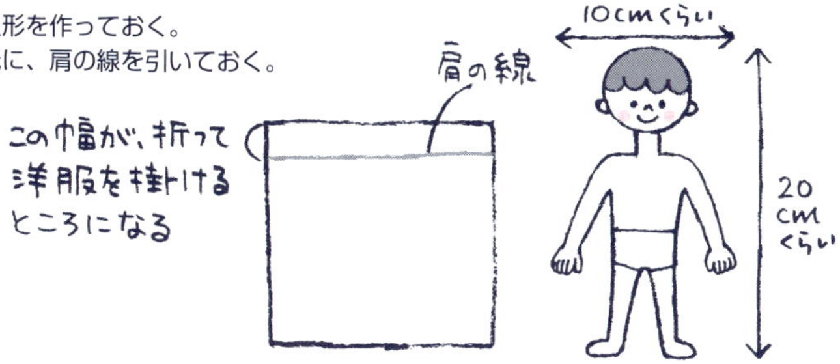

作りかた

① 人形を型にして紙の上に置き、型どりする。

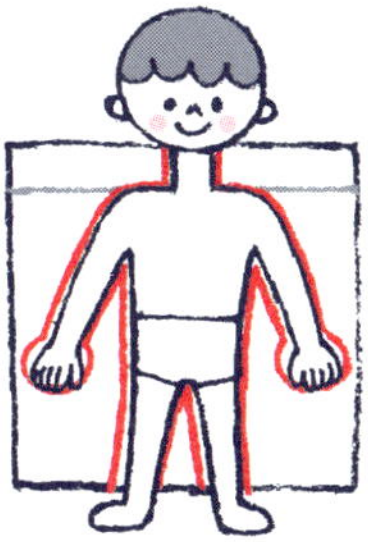

② その線よりも大きく、服の形をかく。

③ 肩かけ部分をつけて切り抜く。

④ 好きな模様をかく。

＊3歳児には…洋服をたくさん作っておいて、好きな模様をかくようにしても。

保護者の方へ

6月1日は衣替えです。夏用の（制）服と帽子に取り替えてきてください。洗った（制）服はお子さんといっしょにきれいに畳んでしまいましょう。しばらくお休みですね。子どもたちはもう半袖が涼しくて、あそびには適しているようです。おうちのカーテンやクッションカバー、シーツや布団なども衣替えをしていることでしょう。お母様・お父様方のかばんや靴も衣替えをしていますね。季節に合わせた暮らしかたがだいじですね。

6月〜7月

梅雨（つゆ）

こんな日

日本で、雨の日が続く季節のこと。

「梅雨」は中国から伝わったことばで、梅の実が熟すころに降る雨という意味。この時季は湿気が多く、かびがはえやすいので「黴雨（ばいう）」という語源もあるという。6〜7月にかけて起こる雨期のことで、日本列島の上で暖かい空気と冷たい空気がぶつかって雨が降る。

こんな話を

3歳児・4歳児へ

雨はだいじな味方

毎日雨が降っていますね。外へ出てあそべないけど、雨はとてもだいじな役目をしています。雨が降らないと、花や草や野菜はみんなカラカラになってしまうし、水道の水をためておくこともできなくなって、水も出なくなってしまうんだよ。雨が好きなカエルやカタツムリは外に出ているかな？今度いっしょに雨探検してみようか。

5歳児へ

梅雨は春と夏のぶつかりっこ

「つゆ」ということばを知っている？　6月になって雨の日が続いているときのことをいいます。漢字で書くと梅と雨、梅の実がなるころの雨という意味なんです。空の上で春の空気と夏の空気がぶつかって、「あっちに行けよ」とけんかしているときに雨が降るんだって。そして夏の空気が勝つと梅雨が終わります。

保育に生かそう

アジサイを作ろう

開きながらつぶすやりかたを丁寧に伝えましょう。花が咲くように花びらを1枚ずつ出していく楽しさを感じられるようにします。

谷折り　山折り

作りかた

① 谷に折る。

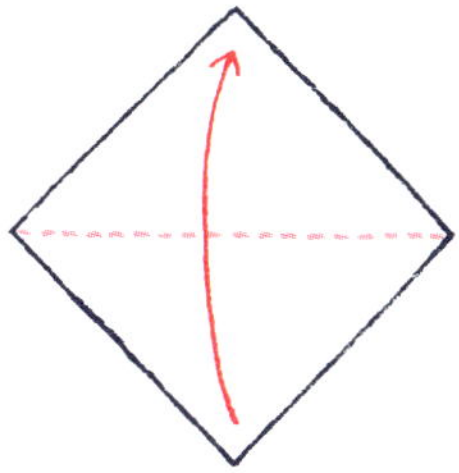

② 谷に折る。

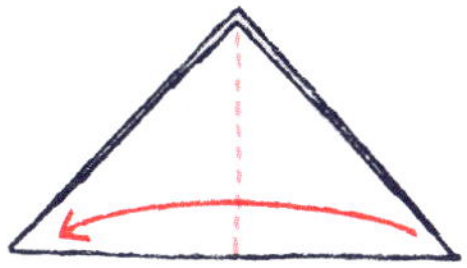

③ 上の1枚を谷に折って折り筋をつける。袋になっているところを開いてつぶす。

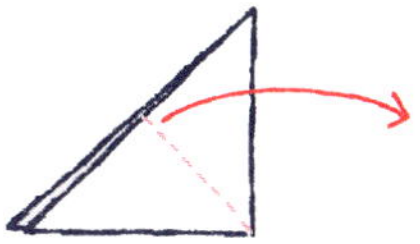

④ 裏も同様に折る。

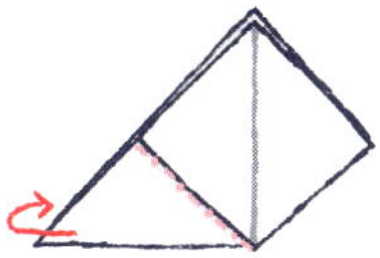

⑤ 上の１枚を谷に折る。

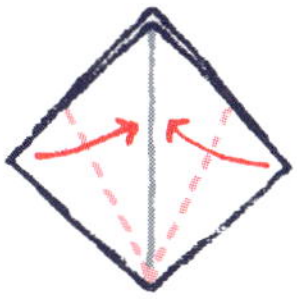

⑥ 裏も同様に折る。

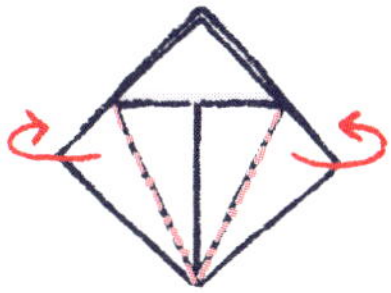

⑦ 全部の紙を重ねたまま谷に折る。

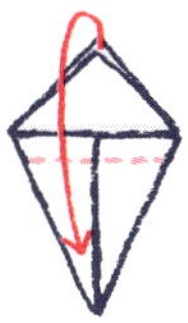

⑧ 上の紙を引っ張って開く。

⑨ できあがり。

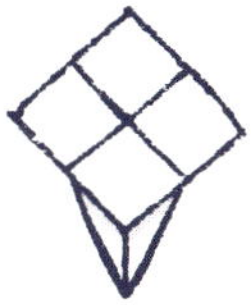

＊数個作り、真ん中によせるようにして重ねるときれい。グループで共同でやってみても。
いろいろな色を用意しておくと、個性的な花が表現できる。

保護者の方へ

○○地方に梅雨入り宣言がありましたね。いよいよ雨の続く季節の始まりです。この時季に雨が降らないと、植物にも充分な水分が届かなくなりますし、暮らしも水不足になってしまいます。だいじな雨の時季なのですね。園では、雨で楽しむことを取り入れていきたいと思います。雨具の始末も自分でできるように、励ましていきましょう。

6月4日〜10日

歯と口の健康週間

こんな日

歯の役割を考え、たいせつにしようという週。

1928年に日本歯科医師会が「むし」の語呂合わせで6月4日に虫歯予防デーを実施。その後、1958年から「歯の衛生週間」として知られていた週間行事の名称を、2013年より「歯と口の健康週間」に変更。歯の健康に関する知識と適切な習慣を広め、早期発見・治療により歯の寿命を延ばすことを目的としている。

こんな話を

3歳児・4歳児へ

歯みがきで、虫歯菌なんかあっち行け!

虫歯菌は、口の中に残っている食べ物が大好きです。おいしいおいしいって、どんどん歯の中に潜っていってしまいます。でも、ごはんを食べた後にすぐ歯を磨いて、食べ物のかすをきれいにお掃除してしまえばだいじょうぶ。みんなも食べた後は、忘れずに歯を磨こうね。虫歯菌なんて、ちっとも怖くないよ！

5歳児へ

みんなで歯のことを考える1週間

みんなの口の中には歯があるよね。何本あるか知っている？　子どもの歯は20本、大きくなると子どもの歯は抜けて、おとなの歯になるんだよ。数も増えて、あとはずっとそのままです。歯が溶けて穴が開く病気を虫歯といいますね。この歯を溶かすのが「虫歯菌」。今日から1週間は、だいじな歯を虫歯にしないように、みんなで考える1週間です。

保育に生かそう

歯ブラシを作って歯みがきごっこ

手作り歯ブラシで、人形の歯を磨いてあげましょう。
歯みがきへの関心も高まります。

【歯ブラシ】

谷折り　山折り

作りかた

①3〜4cm幅の折り紙を蛇腹に折る。

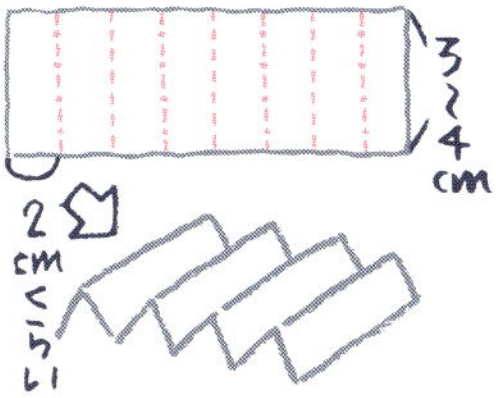

②①にはさみで切り込みを入れる。

③②の真ん中に割りばしを挟み、セロハンテープで留める。

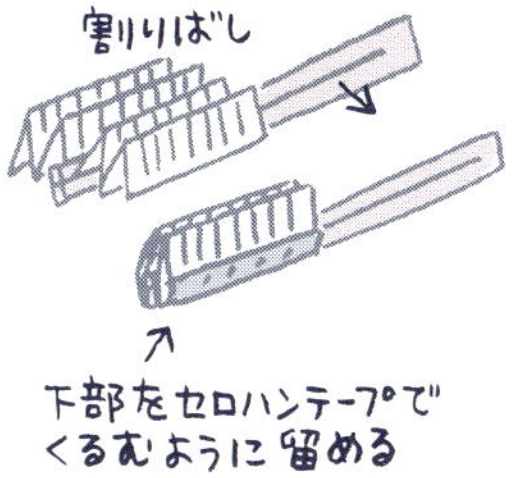

【ぱっくん人形】

作りかた

①紙コップを図のように切って広げる。

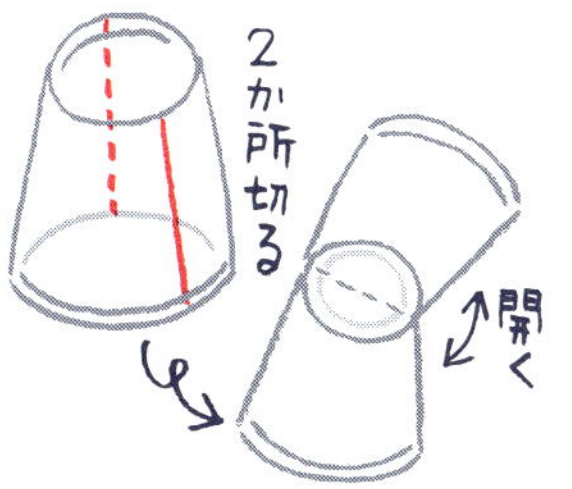

②顔をかき、毛糸や紙で髪の毛を作って付ける。毛糸の飾りを付ける。

あそびかた

片手で人形を持って口を開け、歯ブラシで歯を磨く。

保護者の方へ

「8020（ハチマルニイマル）運動」と言うことばをご存じですか？　「80歳になっても自分の歯を20本以上保とう」という運動のことです。乳歯から生え替わる永久歯をだいじにしていきましょう。正しい歯みがきができるように、ご家庭でも丁寧に教えてあげてくださいね。定期的に検診を受けるようにするのもよいでしょう。好き嫌いせずによくかんで食べるように、楽しく少しずつ食事の中でできるようにしたいですね。

6月10日

時の記念日

こんな日

日本で初めて時計が使われた日。

『日本書紀』によると、日本初の時計「漏刻時計（水時計）」が671年4月25日（新暦では6月10日）に設置されたことから、1920年に生活改善同盟会が「時間をたいせつにし、合理的な生活を図る」ことを目的として制定。

こんな話を

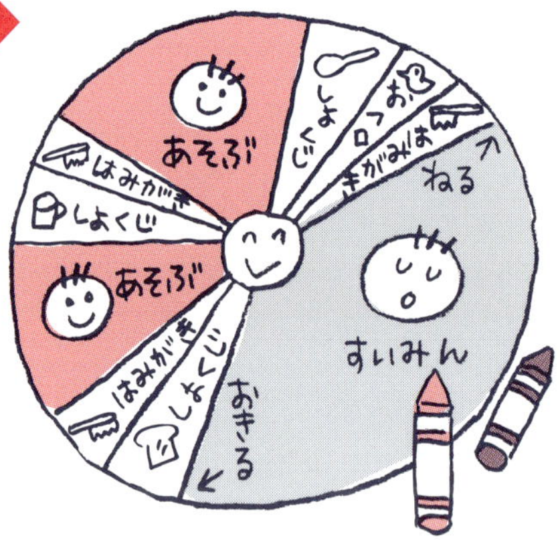

3歳児・4歳児へ

時間をじょうずに使おう

みんなは何時に起きて、何時に寝る？…そう。では、起きている時間は14時間くらいあるね。そのうち、ごはんを食べるのに2時間、歯みがきとトイレとおふろで2時間。すごい！　あと10時間も好きなことができるよ。園でこんなあそびがしたい、帰ったらあれをやろうって考えるとわくわくするね。

5歳児へ

時刻がわかると便利だね

みんなは何時が好き？　おやつの時間だから3時？　○時○分というのは「時刻」といいます。駅には電車の時刻表があるね。○時○分にどこ行きの電車が発車するのか書いてあるので、とても便利です。それまでに、これとこれをちゃんと準備しておかなくちゃ！と考えることができますね。

保育に
生かそう

オオカミさん今、何時?

オオカミの答えをドキドキして待つオニごっこ。
数や時刻に興味を持ち始めたころに楽しいあそびです。

あそびかた

① オオカミ役を1人決め、ほかの子は線上に並ぶ。

② みんなで「オオカミさん今、何時?」と問いかけ、オオカミが「今○時」と好きな時刻を答える。
みんなは、3時だったら3歩というように、時刻の数だけ前に進む。

③ このやりとりを数回繰り返し、オオカミが「夜中の12時」と言ったら、みんなは逃げ、オオカミが追いかける。オオカミにタッチされた子が、次のオオカミ役になる。

バリエーション

みんなで相談して、それぞれの時刻を言われたらやることを決めておき、それにしたがってあそぶ。

例えば
1時=昼寝のまね
2時=ケンケンをする
3時=おやつを食べるまね
4時=バンザイ
5時=足踏み(散歩のまね) など

*全部覚えるのは難しいので、2~3つだけ決めておくか、表にしてはっておいてもよい。

保護者の方へ

今日は時の記念日です。みなさんは家事や子どもの世話やおしごとなどで、お忙しい毎日を送っていらっしゃいますね。することが多くて、いくら時間があっても足りないと思われる方も多いでしょう。でも、ぜひくふうして、母(父)でも妻(夫)でもない自分のための時間を1日5分でもいいから持ってみてください。きっとリフレッシュして生き生きされることでしょう。

6月

6月 第3日曜日

父の日

こんな日

お父さんに「ありがとう」と、お礼の気持ちを伝える日。

「母の日」が広まっていたアメリカで、ドッド夫人が、父親に感謝の気持ちを表す日を作ろうと、運動を展開したのが始まり。それ以来各地に広まり、6月第3日曜日に定着。1972年にアメリカの祝日となった。日本には1950年ころから広まる。

こんな話を

3歳児・4歳児へ

お父さんって、大きいね

お父さんの洋服って大きいよね。そう、みんななら2人くらい入れちゃうかもしれないね。靴も大きいし、手のひらも指も大きいでしょう。お父さんにおんぶしてもらうと、大きな背中が気持ちいいよね。先生が子どものころは、父の日に、お父さんの大きな背中を見て、肩たたきをしてあげました。みんなは何をしてあげる？

5歳児へ

おしごとがんばってくれてありがとう

みんなはお父さんのおしごとを知っているかな？　会社で働くお父さん、お店で働くお父さん、いろいろなおしごとをしていますね。毎日朝から夜まで、みんなのためにがんばって働いてくださっています。○日は「父の日」。大好きなお父さんに、「毎日おしごとをがんばってくれてありがとう」と言ったら、お父さんはきっと喜ぶよ。

※ 父の日は、父親のいない子どもへの配慮について、園でよく話し合っておきましょう。

保育に生かそう

お父さんへのプレゼント

お父さんが身近に置いて、いつも使えるプレゼントです。
「ありがとう」の気持ちを込めて作ります。

【ハンガー】

作りかた

① 厚手の画用紙にお父さんの顔をかく。ハンガーをところどころ、カラーのビニールテープやミラーテープで巻く。

② 顔の絵を、細く切ったガムテープでハンガーにはる。

【小物入れ】

作りかた

① 牛乳パックを7.5cmくらいに切っておく。

② 厚手の画用紙に、お父さんの顔をかく。

③ 正面に絵をはる。側面に折り紙をはったり、模様をつけたりしても。

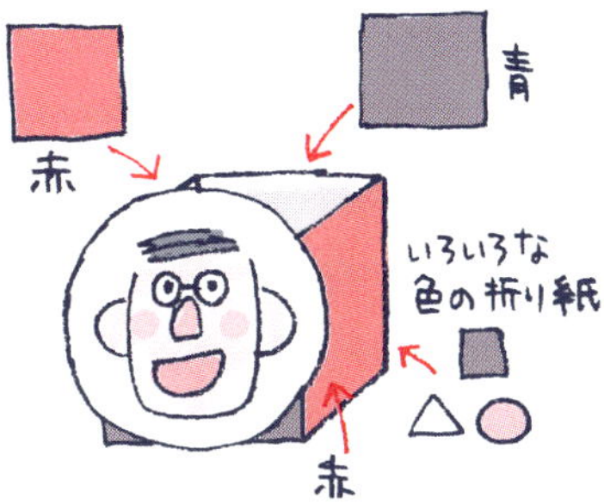

保護者の方へ

今日は大好きなお父さんがどんなおしごとをしているのか、どんなことができるのかということを子どもたちで話し合いました。お父さんといっしょにいることが、とてもうれしいという子どもの気持ちがよくわかりました。感謝の気持ちを込めて、みんなが一生懸命にプレゼントを作りました。「ありがとう」のことばとともに、受け取ってあげてくださいね。

6月~7月

プール開き

こんな日

今日からプールでのあそびが始まる日。

梅雨が明け、水あそびシーズンの到来。暑い夏ならではのあそびが始まることを知らせ、子どもたちがこれからの水あそびへ期待を持つことを目的とする行事。水は浅くても思わぬ事故につながることも。プールでの約束ごとをしっかり伝えて安全に留意するように。

こんな話を

3歳児・4歳児へ

今日から プールあそびが始まるよ

夏になって、外はとても暑く、汗びっしょりになるね。こんなとき、プールの中に入ったら気持ちいいなあって思うでしょう？　今日はプール開きといって、プール最初の日、今日から始まりますよという日です。みんなで楽しくプールあそびをしましょうね。

5歳児へ

プールでは ふざけないこと

プールあそびは楽しいですね。でも、水に入るときのお約束があります。足に水がつくと滑りやすくなるでしょう。だから、プールの周りで走ったり、ふざけたりしてはいけません。滑って転ぶと、けがをしてしまいます。それから、水に入る前には準備体操をして、これから入るよって、体に教えてあげることもたいせつなんですよ。

保育に生かそう

プールごっこ

プールを再現して、みんなで共通のイメージをもってあそびます。
プールに入れない子や水が苦手な子が楽しむあそびとしてもよいでしょう。

あそびかた

1. 大型積み木でプールの枠を作る。
2. 新聞紙をちぎって入れる。
3. 中に入って泳ぐまねなどをして楽しむ。浮き輪やビーチボールなどを入れても。

＊人数が増えたら、子どもたちとプールを作り直して再構成する。

保護者の方へ

今日はプール開きでした。夏のあそびが本格的に始まります。水は滑りやすく、浅くても危険なので、ふざけない・走らないことを子どもたちと約束しました。水に入ると疲れやすくなりますので、おうちではしっかり食べて休養を取るようにご協力ください。また、プールカードにはお子様の朝の体調を書いて必ず捺印して持たせてください。プールに入れないお子さんや水を怖がるお子さんが楽しめるあそびもしますのでご安心ください。

6月21日ごろ

夏至（げし）

こんな日

1年のうちで、夜がいちばん短く、昼がいちばん長い日。

二十四節気のひとつ。北半球では太陽の南中高度が最も高くなる。つまり、昼間が最も長くなり、夜が最も短くなり、冬至とは正反対。日本列島の大部分は梅雨のさなかだが、この日、北極圏では太陽が沈まず、南極圏では太陽が現れない。

こんな話を

3歳児・4歳児へ

昼間がいちばん長い日

このごろは、夕方でもまだ明るいですね。そう。昼間の時間がどんどん延びているのです。昼間というのは、お日さまが出ている間のことをいいます。早起きするとわかるけど、4時ごろには、もうお日さまが空にいますよ。なんだか得した気分ですね。今日は1年で昼間がいちばん長い日です。そのかわり、ペンギンさんたちのいる南極は、一日中夜なんだって。

5歳児へ

お日さまありがとう!

お日さまは、みんなの暮らしをいろいろ助けてくれています。例えば？　そう、洗濯物を乾かしてくれたり、みんなのいるところを明るく照らしてくれるよね。そして、みんなが植えた花や野菜を育ててくれるのも、お日さまの力。実は、お日さまがなくなると、地球は真っ暗になって、寒くてだれも生きられなくなるんだって。お日さま、ありがとう！

保護者の方へ

今日は夏至で、昼がいちばん長く夜がいちばん短い日です。あしたからは少しずつ太陽の出ている時間が短くなっていきます。北極圏では、夏至のころは白夜となり、夜になっても太陽が沈まない状態になるそうです。お子さんと夜空を見ながら、そんな国のことも話題にすると楽しいですね。

7月

文月（ふみづき）

七夕のときに、短冊に歌や字を
書いたことから。
また、稲が穂を含む月。
「穂含月（ほふみづき）」、「含月（ふくみづき）」からきている。

たなばた

こんな日

織姫と彦星が1年に一度だけ会える日。

五節句のひとつで「笹の節句」ともいわれる。水辺に作った棚の上で、機を織って神を迎える棚機(たなばた)つ女(め)という日本古来の行事と、中国伝来の牽牛(けんぎゅう)・織女(しょくじょ)の二星をまつり、女子の技芸の上達を願う「乞巧奠(きっこうでん)」という風習が結びついて生まれた行事。奈良時代から宮中儀式として行われ、江戸時代に民間に広まった。

こんな話を

3歳児・4歳児へ

織姫と彦星が1年に一度だけ会える日

牛飼いの彦星と機織りの織姫はとても仲よし。けれど結婚した2人は、しごともせずにあそんでばかり。怒った神様は、2人を天の川の両岸に離してしまいました。泣いてばかりいる2人を見てかわいそうに思った神様は、一生懸命働くなら、1年に一度、たなばたの夜にだけ会うことを許してくれました。今夜は会えるかな？

5歳児へ

お星さまに願い事をしよう

お星さまは、いつもみんなを夜空から見守っています。願い事を短冊に書いて笹につるすと、お星さまがそうなるように力を貸してくれるんだって。みんなの願い事は？ 「竹馬に乗れますように」「おじいちゃんの病気が治りますように」…思いを込めて夜空を見上げ、星に祈りましょう。

保育に生かそう

簡単たなばた飾り

でんぐりシートの美しさを生かして、立体的な織姫と彦星を作りましょう。でんぐりシートが伸び縮みするおもしろさを味わえますね。

作りかた

① でんぐりシートを図のように切り、厚紙で顔を作る。

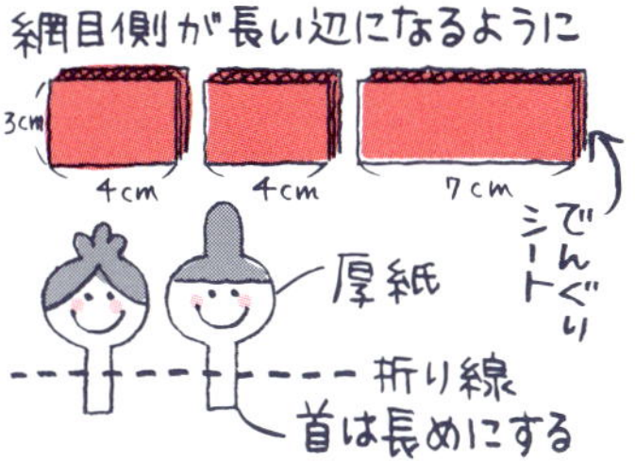

② ①を図のように並べ、シートと同色のポリテープで留める。

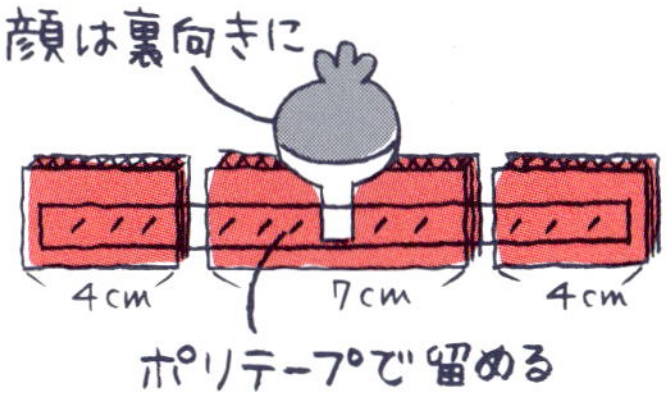

③ シートをほぐして、ていねいに伸ばし、バランスを見ながらおもりを付ける。

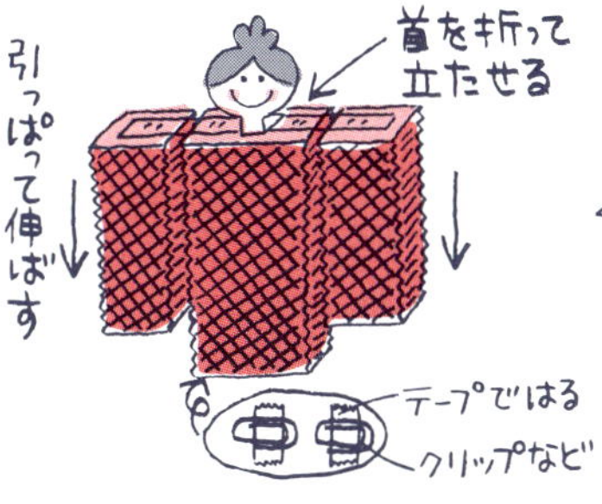

保護者の方へ

今日は子どもたちとたなばたのお祭りをしました。子どもたちが書いた短冊をご覧になりましたか？　ひとりひとりの純粋な願いが込められています。願いを持つことが次の成長のステップにつながっていることを感じます。今夜はお子さんといっしょに、夜空を眺めてみてください。テレビや照明を消して、ゆっくり星を見上げて話をすると、いつもと違う時間が流れ、子どもの意外な一面も見えることでしょう。

夏祭り

こんな日

夏の一日をみんなで盛り上がって楽しむ行事。

夏から秋にかけて各地で行われる祭りは、山車(だし)やみこし、踊りなど、地域色がある。また、いろいろな露店が独特な雰囲気を出す。夏の催しとして行う園も多いが、園の文化や子どもたちのやりたいことを取り入れ、楽しく豊かな経験となるようにしたい。

こんな話を

3歳児・4歳児へ

踊りの動きの意味を知ろう

盆踊りは、手と足を勝手に動かしているんじゃないよね。ひとつひとつの動きに意味があります。右手をおでこにかざすのは遠くをながめているってこと。引っぱるしぐさは、魚を捕る網を引っぱり上げる動き。「ハードッコイショ」は、大きな声で言ってみようね。ほら、踊りがぐっとすてきになってきたよ。

5歳児へ

夏祭りで何がしたい?

去年のお祭りも楽しかったけど、もっとおもしろくするためには、みんなの考えがたいせつです。みんなは何屋さんになりたい? どんなゲームがしたい? どんなおみやげがうれしい? 小さいお客さんも楽しくなるようなお祭りをみんなで考えよう。考えるのも準備するのもわくわくするね。

※振りの説明は、実際行う踊りに合わせて変えてください。

保育に
生かそう

おみこしワッショイ

ペットボトルの透明感とキラキラした感じをじょうずに生かしましょう。作る過程、担ぐ活動を通して、仲間意識をはぐくみます。

作りかた

① 段ボール箱の上に2ℓのペットボトルを並べ、ビニールテープで巻き、粘着テープで固定する。

② 角材（2本）は、とげが刺さらないように、ビニールテープ（カラー）を巻きつける。

③ 子どもがかいた絵、色紙やミラーテープなどで飾る。

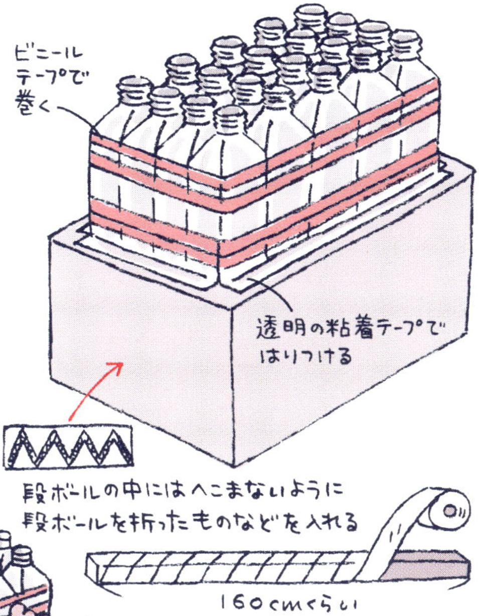

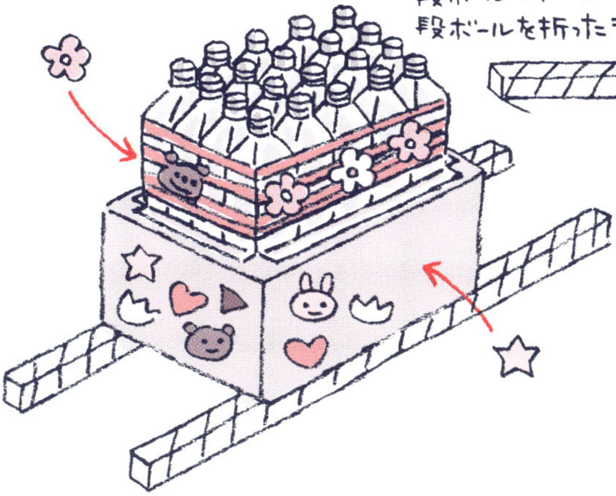

＊組み立て、角材の接着は、保育者と子どもがいっしょに行う。仕上げは保育者が行い、補強する。

保護者の方へ

本日はご参加いただき、ありがとうございます。子どもたちはそれぞれくふうしてクラスごとに子どもみこしを作りました。また、盆踊りもじょうずに踊れるようになりました。おうちの方といっしょに祭りを楽しむことを心待ちにしていたのです。ゲームコーナーやおいしいお店もたくさんありますので、ぜひ積極的にいろいろな人と触れ合ってください。

7月 第3月曜日

海の日

こんな日

海の恵みに感謝し、海を身近に感じる日。

1876年の7月20日に、明治天皇が東北巡幸から明治丸という船で横浜に帰港されたことにちなむ。1996年からは「海の恩恵に感謝するとともに、海洋国日本の繁栄を願う」ことを趣旨とし、「海の日」として制定された。法律の一部改正により、2003年からは7月の第3月曜日になった。国民の祝日。

こんな話を

3歳児・4歳児へ

わたしたちの手で海を守ろう

海水浴に出かけたら、砂浜にごみが落ちていていやな思いをしたことはありませんか？　実は今、海は「助けて！」って叫んでいるのです。とても弱っているのです。そのわけは、海を汚す人がいるから。魚も汚い海では生きられず、病気になったり死んでしまったりします。どうしたら海を守れるかなあ。いっしょに考えてみようね。

5歳児へ

海がわたしたちの暮らしを支えているよ

人は昔から海で魚や貝や海藻などを獲って食べてきました。それから、船で物を運んだり、遠い国と行き来したりできるのも海のおかげです。周りを海で囲まれている日本は、海からたくさんの恵みをいただいています。ながめたり泳いだりするのも楽しいけど、もっといろいろお世話になっているんですよ。

保育に生かそう

ウエーブであそぼう

隣の人の動きを確かめてから動きます。みんなできれいなウエーブができたときには、一体感と満足感を感じられるでしょう。

あそびかた

① みんなで大きな輪になり、手をつないで立つ。

② リーダーがしゃがんで立ち上がり、右側の子に波を伝える。

③ 右側の子もしゃがみ、同様に隣の子に伝えていく。

＊慣れてきたら続けて波を送る。腕も使って表現する。「ザブーン」と音も表現するなどのくふうを。
＊3歳児は、みんなで1本の青いすずらんテープを持って立ち、腕を動かしても。

保護者の方へ

みなさんは、魚料理をよく作りますか？　ワカメやノリなどの海藻を食べる機会はありますか？　わたしたちは島国に住んでいるので、海からたくさんの恩恵を受けていますね。子どもたちがかいた海の絵には、クジラやマンボウやクラゲなど、海にすむ生き物たちが生き生きと表現されていました。帰ったら、家族であそんだ海や海の中の世界のことを、楽しく語り合ってください。海に関心を持つきっかけになるでしょう。

7月20日～8月7日ごろ

土用丑(うし)の日

こんな日

暑い夏に負けないよう、栄養をとる日。

土用は年に4回。立夏・立秋・立冬・立春前の各18日間だが、今は一般的に夏の土用のことを指す。そのうち丑の日を「土用丑の日」といい、猛暑に負けないようにウナギを食べる習慣がある。

こんな話を

3歳児・4歳児へ

暑さに負けず、元気に過ごそう!

ずいぶん暑くなったね。エアコンのきいた部屋にばかりいると、かえって体のぐあいが悪くなることがあります。今日は「丑の日」といってウナギを食べる習慣がある日です。ウナギには栄養がたくさん入っていて、元気が出るんだって。ジュースやアイスばかりではなく、栄養のあるものをしっかり食べて、元気に夏を過ごしましょう。

5歳児へ

ね・うし・とら…は年だけじゃないよ

ね、うし、とら、う…。十二支の動物たちを知っている？　今年は○年。みんなは何年生まれ？　昔は年だけじゃなく、日や時刻も「丑の日」「寅(とら)の刻」というように、十二支を使って表していたんです。そして今日は「丑の日」。おもしろいね。

保護者の方へ

暑い日が続き、お子さんに食欲がなくなってきたことを心配なさっている方も多いでしょう。今日は土用の丑の日です。昔からこの日にはウナギを食べる習慣がありますね。たいせつなのはしっかり栄養をとることです。お子さんが好きなもの、もりもり食べるものを愛情込めて作ってあげてください。ビタミンAもビタミンCもビタミン愛も、たっぷり入れて！

8月

葉月（はづき）

木の葉が紅葉し、色づいて
落ちる月。

お泊まり会

こんな日

友だちといっしょにたくさんあそび、夜は○○に泊まる日。

終日～夜間～翌朝までの長時間を、初めて家庭から離れて子どもたちの集団の中で過ごすという貴重な体験をする行事。子どもたちと流れや内容について事前に話し合い、協力し、ルールを守って過ごすことで、自立心と協調性を養う。ひとりひとりの健康状態、夜間の排尿や習癖などについて予め保護者に聞き、把握しておくようにする。

こんな話を

5歳児へ…①

夜もいっしょだよ

もうすぐお泊まり会があります。おうちの人と離れて、先生やお友だちといっしょに○○（場所）に泊まります。楽しいゲームをしたり、いっぱい外であそんだりします。夕ごはんはみんなで作って食べましょうね。夜はお友だちといっしょにお布団で寝ます。ちょっと寂しくなってしまう人もいるかもしれませんが、先生とお友だちがずっといっしょにいるからだいじょうぶですよ。

5歳児へ…②

みんなで作る夕ごはん

みんなは年長組さんになっていろいろできるようになったから、今度はお泊まり会でいつもより長い時間、お友だちといっしょに過ごします。夕ごはんはみんなでカレーライスを作ります。何があればできるかな。そうですね、野菜やお肉を切って、炒めてルウを入れれば、おいしいカレーのできあがりです。とても楽しみですね。

保護者の方へ

お泊まり会を心配されている方、不安に思っているお子さんもいると思います。家庭から離れて先生やお友だちといっしょに過ごすこの2日間は、とても楽しい思い出になり、これからのお子さんの自信となることでしょう。当日はカレーライスを自分たちで作って食べます。みんな張り切っていますよ。夜間もありますので、ご心配なことや気を付けてほしいことなどを予めお知らせください。

8月6日・9日

原爆の日

こんな日

戦争で恐ろしい原子爆弾が落とされ、多くの人が亡くなった日。

第二次世界大戦末期の1945年8月6日に広島、8月9日に長崎に、アメリカにより原子爆弾が投下された。世界初の犠牲であり、広島では約14万人、長崎では7万人以上の方々が亡くなった（1945年12月末まで）。亡くなった方々への追悼と、原子爆弾が二度と使われることがないようにと、毎年この日には世界の平和を祈る式典が行われている。

こんな話を

3歳児・4歳児へ

国と国のけんかはしない

日本は昔、よその国と大きなけんかをしました。その時に、原子爆弾という恐ろしい爆弾を落とされて、たくさんの人たちが亡くなりました。生き残った人たちもやけどやけがをしたり、病気になったりと、とても苦しみました。けんかはせず、仲良くみんなが幸せになるようにしたいですね。

5歳児へ

世界が平和であることを願う

今から70年くらい前に、日本は戦争をしていました。8月6日に広島に、8月9日に長崎に、原子爆弾という怖い爆弾が落とされました。一瞬で多くの人が亡くなり、人も家も吹き飛ばされ、町は焼けてしまいました。後でとても重い病気になった人もおおぜいいます。亡くなった人たちが安らかに眠れるように、もう二度と同じことが起こらないようにと、世界の平和を願う日なのです。

保護者の方へ

原爆の日については、子どもたちに3つのことを話しました。原子爆弾はとても恐ろしいものであること、その恐ろしさを絶対に忘れないこと、そしてもう二度と繰り返さないこと、です。今わたしたちがこうして暮らしている平和のありがたさを子どもたちに伝えていかなければならないと思います。世界の国々が争わず、いつまでも平和であることをいっしょに願う、とてもたいせつな日ですね。

8月15日ごろ

盆

こんな日

ご先祖様をお迎えし、見守ってくれていることがわかる日。

仏教行事「盂蘭盆会（うらぼんえ）」の略称と考えられているが、日本に昔から伝わる、年の後半の始まりに祖先の霊を迎える祭りも関連して、現在の形になったといわれる。関東では7月15日前後、関西や西日本では8月15日前後に多く行われていたが、今は関東でも、8月に行うところが増えている。

こんな話を

3歳児・4歳児へ

ご先祖様に喜んでもらおう

せっかく帰ってくるご先祖様に喜んでもらうためにはどうしたらいいかな？　お花を飾ったり食べ物を供えたり、お墓参りをするのもだいじですね。それから盆踊り。きっとご先祖様は、にこにこと見てくれますよ。もしかしたら、いっしょに踊っているのかも。みんなが心を込めて迎えることが、ご先祖様のいちばんの喜びなのでしょうね。

5歳児へ

ご先祖様が帰ってくる日

おじいちゃんやおばあちゃんのお父さん・お母さん、そのまたお父さん・お母さん…というように、ずっと続いているよね。その人たちはみんなの「先祖」です。この世で会えないご先祖様の霊がおうちに帰ってくるのをお迎えします。ナスやキュウリで牛や馬を作るのは、乗り物にしてもらうためです。「いつも見守ってくださりありがとうございます」という気持ちを伝えられるといいですね。

保育に生かそう

紙で作るお盆飾り

ご先祖様が、この飾りに乗って帰ってくることを話しながら作りましょう。

【キュウリの馬】

作りかた

1. 新聞紙（¼くらいにしておくと丸めやすい）を丸めてキュウリの形を作り、セロハンテープで留める。
2. 緑色の折り紙を軽くくしゃくしゃにする。
3. ①を②でくるんで留める。

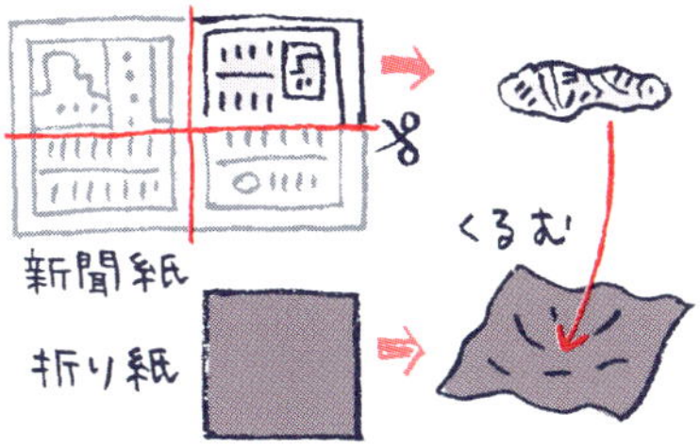

4. 緑色のペンで点をかく。
5. 半分に折った割りばしを差す。（少し穴を開けておくと差しやすい）

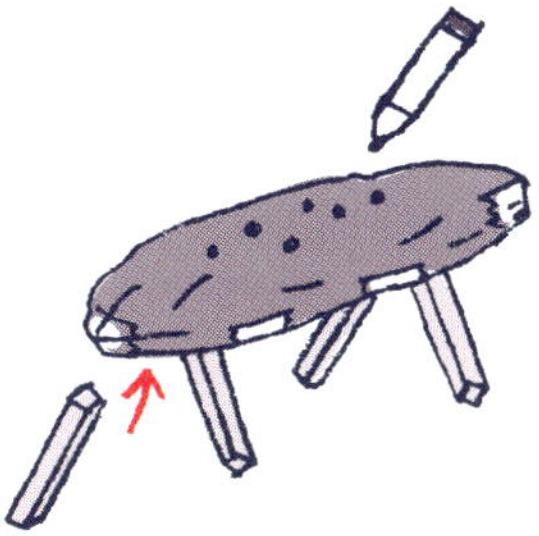

【ナスの牛】

作りかた

1. 紫色の折り紙をへたの形に切っておく。
2. 新聞紙（¼くらいの大きさ）を丸めてナスの形を作る。
3. 紫色の折り紙で②をくるんで、セロハンテープで留める。

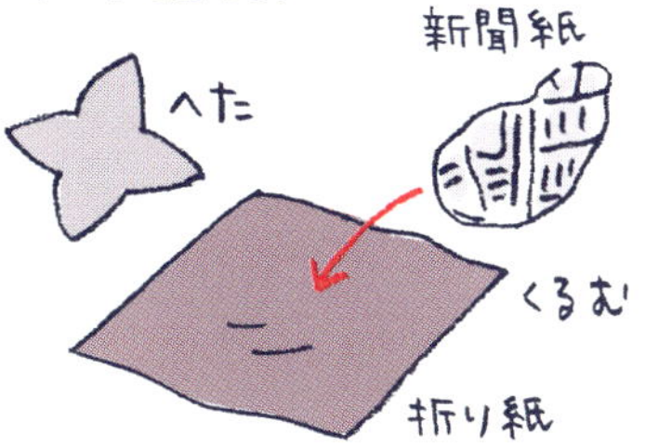

4. ①を③にはる。
5. 半分に折った割りばしを差す。

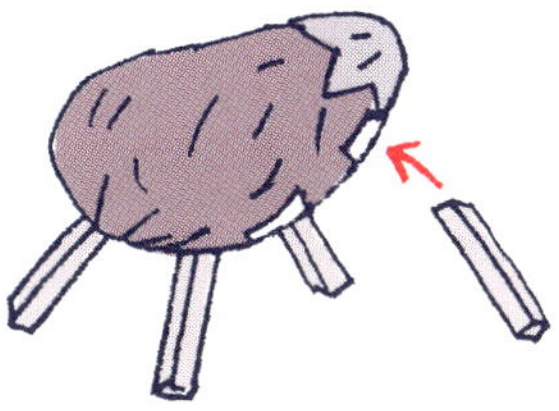

保護者の方へ

お盆はご先祖の霊を迎えて供養する行事で、旧暦の7月13日から16日に行われました。月遅れの8月13日から16日に行う地方もありますね。盆踊りはこの世に戻ってきた霊たちを慰めるための踊りですから、みんなが楽しく踊る姿を見てご先祖様も喜んでくださることでしょう。○○組の子どもたちは、盆踊りに自信満々です。

8月15日

終戦記念日

こんな日

長く続いた戦争が終わった日。

1945年8月15日、ラジオ放送で日本の降伏が発表され、第二次世界大戦が終戦になった。この日は1982年の閣議決定により「戦没者を追悼し平和を祈念する日」となった。日本武道館で政府主催の「全国戦没者追悼式」が毎年行われている。

こんな話を

3歳児・4歳児へ

戦争でたくさんの人が死んでしまいます

みんなは戦争のニュースを見たことがありますか？　戦車が大砲を撃ったり爆弾が爆発して煙を上げていたりしますね。戦争でおおぜいの人が死んでいます。子どもや赤ちゃんもです。とても悲しいことですね。昔、日本も戦争をしていました。でも、苦しく悲しい思いをして、もう戦争はしないと誓いました。世界中の戦争がなくなるように祈りたいですね。

5歳児へ

世界の人々と仲良くしよう

お友だちとあそんでいるとき、いろいろな意見が出て、けんかになることもあるよね。違う考えにもきっとよいところがあるはず。自分の考えを押しつけようとしないで、よく話し合うことがたいせつです。だれでも幸せになりたいという願いを持っています。自分だけではなく、みんなが幸せになるにはどうしたらよいのか、考えられる人になりましょう。

保護者の方へ

今日は終戦記念日ですね。多くの尊い命が失われたことはご存じのとおりです。現在も世界のあちこちで紛争や内戦が起こっていますが、わたしたちは二度とたいせつな子どもたちを戦地に送り出したくありません。世界の平和のために、また、身近な人々とけんかしないために、自分はどのように行動したらいいのか、どのように思いを伝えればよいのか、お子さんと話し合ってみてください。

9月

長月（ながつき）

秋になり、夜が長くなったことを
意味する「夜長月」からきている。

9月1日

防災の日

こんな日

地震や台風などから、命を守るための訓練をする日。

1923年9月1日の関東大震災。10万人以上の死者・行方不明者の多くは、昼食準備のための火から出た火災で命を落とした。また、1959年9月26日の伊勢湾台風も大被害を出した。これら大惨事の教訓を生かし、日ごろから備えようと1960年に防災の日が制定された。

こんな話を

3歳児・4歳児へ

地震が起きるのは、地球が生きているから

みんなの住んでいる地球は、生まれてから45億年。今もみんなと同じように生きています。時々、海の底の地面が陸地の下に潜り込んでしまって、もとに戻ろうとするときに、バネみたいに地面が大きく揺れてしまうことがあります。それが地震です。そして津波といって、波がものすごく大きくなることもあるし、山が噴火することもあるね。これはみんな、地球が生きて、動いているからです。

5歳児へ

地震や台風はいつやってくるかわからない

日本は、世界の中でも地震が多い国です。東京でも神戸でも北海道でも新潟県でも、大きな地震がありました。2011年には、東北を中心に東日本大震災があり、地震と大きな津波が起こり、多くの人が亡くなったり、家が壊れて住めなくなったりしましたね。ニュースで見たことある？　地震は起きてほしくないけど、起きたときのために、水や食べ物を準備したり、逃げかたを話し合ったりすることはとてもだいじです。

保育に生かそう

非常食を食べてみよう

園にはいざというときの備えがあることを、子どもにもわかるように実物を見せながら話します。

行いかた

① 園にある非常持出袋を見せる。中に入っているものを確認する。（救急用品、軍手、笛、非常食、水、ラジオ、小銭、懐中電灯、ロープ、レジャーシート、タオル、ローソク、ポリ袋、ティッシュペーパーなど）

② 保育者：「お母さんやお父さんがみんなを迎えにくるまで、先生といっしょに待っています。そのとき、みんなで食べるものと水を置いてあります」

③ 乾パンの缶を見せる。

④ 缶の中を開けて見せる。（乾パンと氷砂糖）

⑤ 保育者：「特別な方法で、ギュッと小さく固めてあるものです」

⑥ 食べかたを示す。保育者：「少しずつ口に入れ、よくかみます。つばとまじって柔らかくなったら飲み込みます。ゆっくりよくかんで、少しずつ食べましょう」

⑦ 子どもたちに配り、実際に食べてみる。

⑧ 甘い砂糖も体の栄養になることを話す。

保護者の方へ

今日は防災の日です。台風や地震はいつやってくるかわかりません。もしきても慌てることのないように、安全な場所に逃げる訓練をしておくことがだいじですね。園の備蓄品は乾パン、水、毛布などです。園では、防災頭巾のかぶりかたや乾パンの食べかたの練習をしました。おうちでも防災用品の準備や確認をしておきましょう。第１次避難先などについても話し合っておくとよいですね。

十五夜

こんな日

お月さまが最も美しく見える日。

旧暦では満月から満月までが1か月。特に月が美しい旧暦の8月15日の夜を「十五夜」といい、十五夜の月を「中秋の名月」と呼ぶ。月見の風習は平安時代から。室町時代には稲穂に見たてたススキを飾り、団子やサトイモを供え、実りに感謝するようになった。

こんな話を

3歳児・4歳児へ

1年でいちばん月が美しく見える日

秋は空気が澄んで、月がとてもきれいな季節です。特に、今日は十五夜といって、1年でいちばん月が美しく見えるといわれています。家族の人たちとゆっくりながめてみてね。心の中がきれいになるような、不思議ですてきな気持ちになれるはずです。月をよーく見ると、何かの形が見えるよ。あした、何が見えたか教えてね。

5歳児へ

十五夜は「いも名月」

えっ、「お月さまがいもになっちゃうの?」ってびっくりした？　今ごろはおいしいサトイモがとれる時季です。だからサトイモをたくさん実らせてくれてありがとうという気持ちを込めて、お供えするのです。それで十五夜のことを「いも名月」って呼ぶ人もいるんだって。お月さまは、お団子といっしょにサトイモも食べるのかな？

保育に生かそう

十五夜さんのもちつき

月でおもちをついているウサギさんをイメージして、手でおもちつきをしてみましょう。相手と呼吸を合わせる心地よさが味わえます。

あそびかた

2人で向かい合い、②以降、1人（A）は一定のリズム（2拍子）で上下に手を打ち、もう1人（B）は、その間をぬっていろいろな手の動きを入れる。

①十五やさんの もちつきは

拍手を8回。

②とん　とん とんとんとん

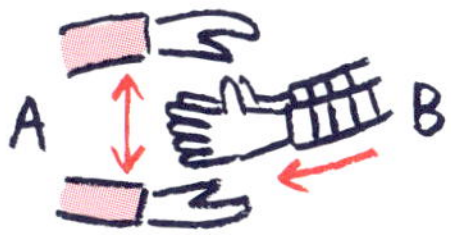

BはAより半拍遅れでAの開いた手の間で4回拍手。

③トッテン～

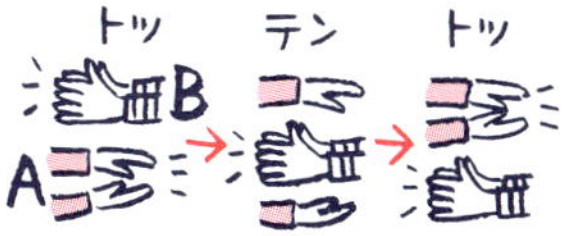

BはAの上、中、下、中、上～と、タイミングを合わせて手拍子。

④とっついた～

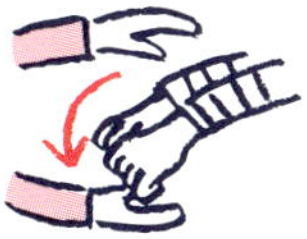

Bは両手をきねの形にして、Aの開いた手の間でつく動作。

⑤とっこねた～

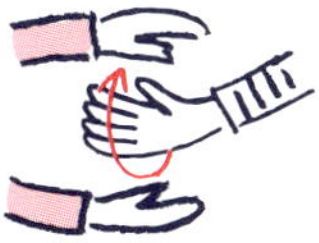

BはAの開いた手の間でこねる動作。

⑥しゃーん　しゃーん～

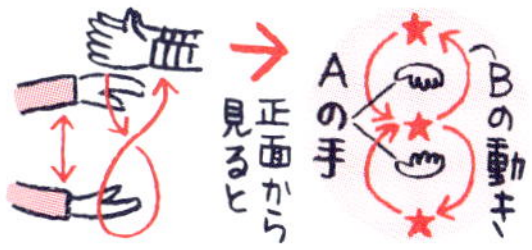

Bは両手で8の字をかくように動かし、★で拍手。

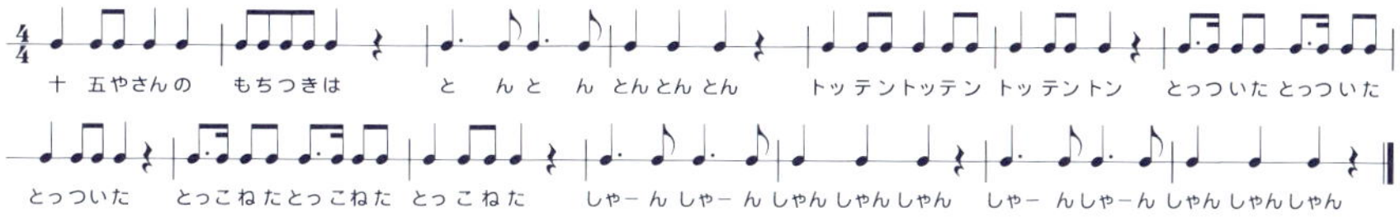

保護者の方へ

今日は1年でいちばん月が美しく見えるといわれる、「中秋の名月」です。日頃は忙しくて、なかなか夜空を見上げる余裕がないかもしれませんが、今夜はご家族で月を愛でてみてください。お月様には不思議なパワーがあり、潮の満ち引きや赤ちゃんの出生にも影響があるそうです。月の光をいっぱい浴びると、体の中の何かが目覚め、力がわいてくるかもしれませんね。

9月20日～26日

動物愛護週間

こんな日

動物の命をたいせつにすることを考える週。

「動物の愛護及び管理に関する法律」で、動物愛護精神や適切な飼いかたなどについて、理解と関心を深めることを目的として定められた。期間中は、国、地方自治体、関係団体が協力して、動物の愛護と管理に関する普及啓発のための各種行事を実施している。

こんな話を

3歳児・4歳児へ

それぞれの動物の生活を守ろう

みんなは動物が好き？　おうちで飼っている人もいるよね。園でも○○と△△を飼っていますね。動物には、みんなと同じ命があって、一生懸命生きています。だいじにしようね。今週は動物愛護週間といって、動物にとっていちばんよい生活のしかたや、どうしたらそれを守ることができるかをみんなで考える1週間です。

5歳児へ

人のために働くイヌ

人のためにおしごとをしているイヌを知っていますか？　目の不自由な人の目の代わりになる盲導犬、耳の聞こえない人の耳の代わりになる聴導犬などがいて、こういうイヌたちは、たいへんな訓練を受け、飼い主さんが安全に出かけたり、買い物ができるように、いつも注意をしています。だからみんなは、触ったり、大声で驚かせないようにしようね。

保育に生かそう イヌの指人形を作ろう

保育者が指にはめて、子どもたちがたくさんの思い（イヌの気持ち）をことばで表現できるようにします。

------ 谷折り

作りかた

① 谷に折る。

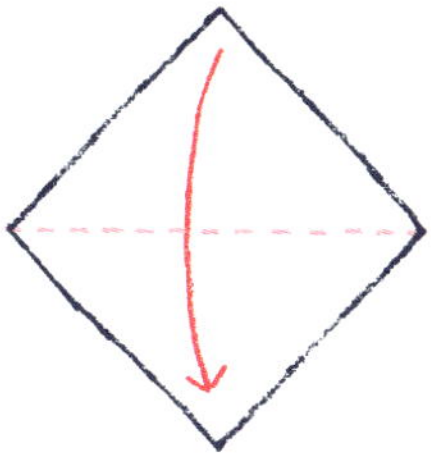

② 谷に折る。

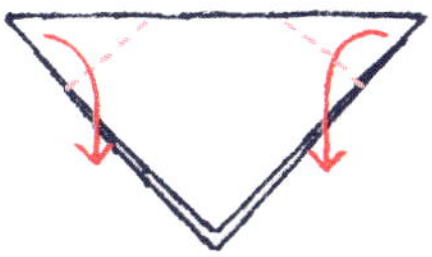

③ 谷に折る。目と鼻をかく。

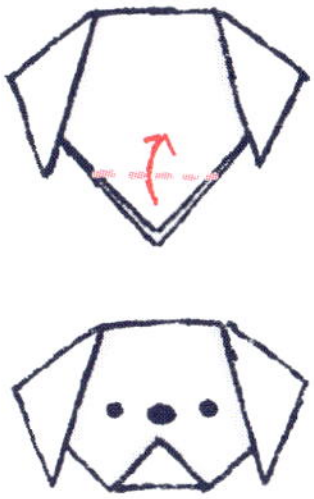

④ 指を入れて動かす。イヌの気持ちになって話してみる。「好きなことは？」「されたら嫌なことは？」など、子どもといっしょに考える。

わんちゃんの好きなことは？
おさんぽ！
ごはん！
割りばしをつけてペープサートにしても

保護者の方へ

動物愛護週間が始まりました。身近にいる動物の命をたいせつにすること、適切な飼いかたをすることがとてもたいせつです。動物を飼うということは、その命を預かり、死ぬまで幸せな生活を考えて、きちんとお世話をするという責任を果たさなくてはなりません。動物はわたしたちの心を和ませてくれます。園でも、子どもたちが一生懸命にお世話をしています。

9月 第3月曜日

敬老の日

こんな日

お年寄りをたいせつに思い、長生きのお祝いをする日。

「多年にわたり社会につくしてきた老人を敬愛し、長寿を祝う」として1966年に制定。聖徳太子が身寄りのない老人や病人のための施設「悲田院（ひでんいん）」を作った日にちなんだといわれる。法律の一部改正により、2003年より9月の第3月曜日となった。高齢者福祉への理解を深める日でもある。国民の祝日。

こんな話を

3歳児・4歳児へ

おじいさん・おばあさんに「ありがとう」を伝えよう

おじいさん・おばあさんは、お父さんやお母さんより年上でしょう。おじいさん・おばあさんは、みんなが生まれるずっと前から、一生懸命働いていたんだよ。敬老の日は、そういうおじいさん・おばあさんに「ありがとう。ずっと元気でいてください」という気持ちを伝える日です。

5歳児へ

いろいろなことを教えてもらおう

おじいさん・おばあさんが子どもだったころはどんなあそびをしていたのかな？　縄跳びやオニごっこ、折り紙もしたかな？　きっといろいろなことをいっぱい知っているんだろうね。みんなで昔のお話を聞いたり、たくさんあそびを教えてもらったりできたらうれしいなあ。○日に会えるのが、今からとても楽しみだね。

保育に生かそう 紙鉄砲を作ってあそぼう

1枚の紙なのに、びっくりするような音が出ます！　紙の材質や振りおろしかたによる違いにも気づいていけるようにしましょう。

谷折り　山折り

作りかた

①谷に折る。

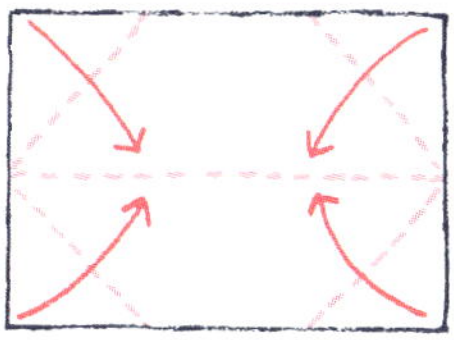

②谷に折る。

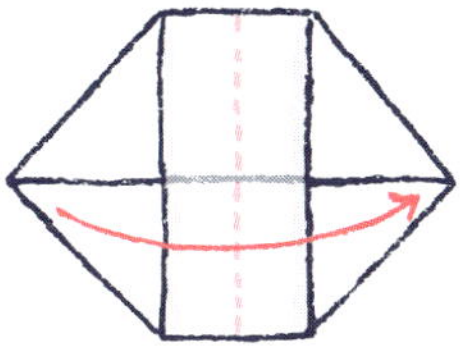

③谷に折る。

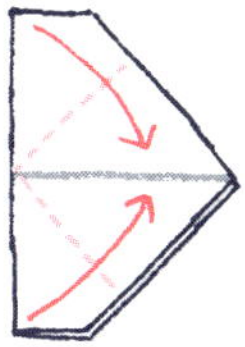

④袋になっているところを、開いてつぶす。

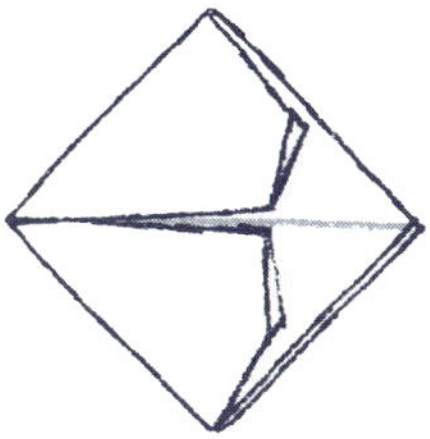

開いてつぶしているところ。

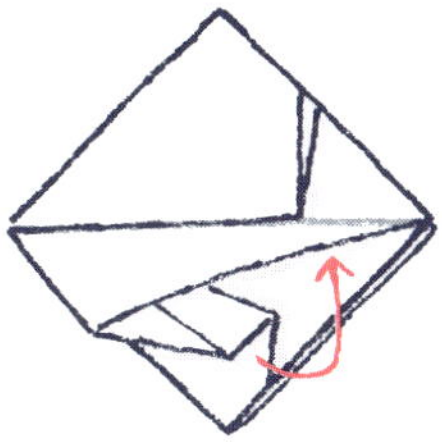

⑤反対側も同様にする。

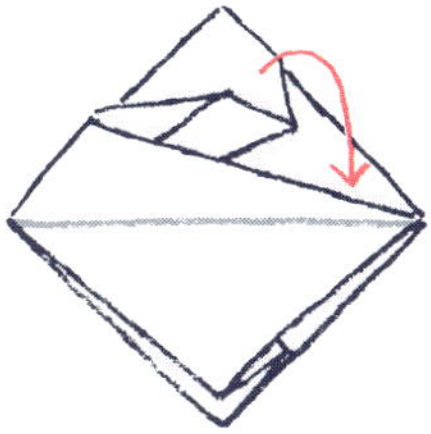

⑥谷に折る。

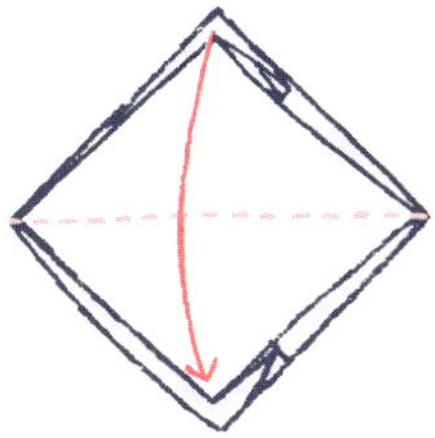

⑦できあがり。

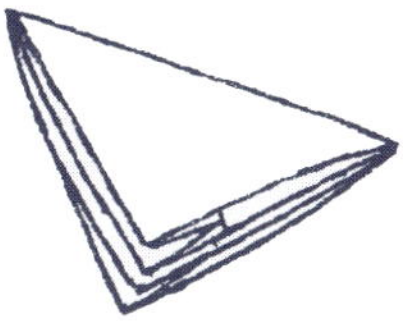

鳴らしかた

⑥開くほうを下にして思い切り振りおろすと、中の紙が広がって、パーンと大きな音がする。

保護者の方へ

高齢者の方々は長い時間を生きてこられたから、本当にいろいろなことをご存知です。ですから、生活の知恵、楽しい手作りのあそびや昔の話をたくさん教えていただきたいですね。長寿のお祝いは還暦から。60歳の還暦は生まれた年の干支（えと）に戻るという意味で、赤子に還ったような気持ちでますます元気に暮らせるようにという思いを込めて、赤い色のものを着るのだそうです。

9月23日ごろ

秋分の日

こんな日

昼と夜の長さがほぼ同じになる日。

「祖先をうやまい、なくなった人々をしのぶ」日として1948年に制定された。仏教ではこの日を中心に1週間を彼岸という。二十四節気のひとつ。春分の日と同様、太陽が真東から昇って真西に沈み、昼と夜の長さがほぼ同じになる。この日以降、徐々に昼間が短くなり冬へ向かう。国民の祝日。

こんな話を

3歳児・4歳児へ

昼と夜の長さが同じ日

夏の間はいつまでも明るかったね。夜7時でもまだ明るくて、家に帰ってから時計を見てびっくりした人もいるでしょう。暗くなるのが早くなってきました。秋分の日は、昼と夜の長さがだいたい同じなのです。これからは夜が長くなっていくわけ。季節も秋になり、涼しくなるだけではなく、葉っぱの色や虫の声など、いろいろなものが変わってきます。探してみようね。

5歳児へ

おじいちゃん・おばあちゃんを思い出して

昔の人は、「極楽浄土」という苦しみがない美しいところがあって、ご先祖様もそこにいらっしゃると信じていました。○日までは「お彼岸」といい、極楽浄土で幸せに暮らすご先祖様を思い出す日です。きっと、みんなが会ったことのない、ひいおじいちゃんやひいおばあちゃん、そのお母さんやお父さんも、極楽浄土にいらっしゃるんだね。

保護者の方へ

明日は秋分の日です。昼と夜の時間がほぼ同じになる日ですね。この日を境に少しずつ夜が長くなっていきます。また、秋のお彼岸の中日で、「暑さ寒さも彼岸まで」といわれるように、残暑も和らぎ、季節は秋へと急速に向かっていくようです。秋のお彼岸にはおはぎを食べますが、実は同じものを、春には「牡丹（ぼた）もち」、秋には「お萩」と、季節の花の名前にちなみ、呼び分けているのだそうです。それぞれの季節のお花を見ながら食べてみましょう。

10月

神無月
かんなづき

全国の神様が出雲に集まるため、
各地にいなくなるという意味から
きている。

10月ごろ

運動会 (5、6月に行うところもある。)

こんな日

みんなといっしょに運動することを楽しむ日。

日本の学校で運動会が行われるようになったのは明治初期。外国人教師の指導により、大学などで実施された。徐々に小学校や幼稚園にも広がったが、初めは心身の鍛錬や集団訓練がメインであった。運動会では、勝ち負けではなく一生懸命がんばること、みんなで協力することなどもたいせつ。

こんな話を　運動会前

3歳児・4歳児へ

力いっぱい運動しよう

みんな今日まで、いろいろな運動に挑戦してきたね。初めはかけっこもうまくいかなかったけど、毎日走っていたら、どんどん速くなったね。ダンスも最初はなんとなく手や足が動いているようにしか見えなかったけど、このごろは指先まで美しく伸びていて、ほんとうにかっこいいよ。みんなの持っている力を出し切って、楽しい運動会にしようね。

5歳児へ

力を合わせて、最後までがんばろう!

みんなの力はすごいね。運動だけじゃなくて、用具運びや、ゴールテープを持つことや、アナウンスをすることや、応援することや…。みんなが力を合わせて係のしごとをすることで、運動会がすばらしいものになるんだよ。手作りの旗も、みんなの分をつなげたら、とってもすてき。さあ、最後まで力を合わせてがんばろうね。

こんな話を 運動会後

3歳児・4歳児へ

かっこよかったよ!

みんなは、力いっぱい運動会を楽しみましたね。みんなのかっこいい姿を見て、おうちの人もとても喜んでいましたよ。かけっこで転んでも、あきらめないで最後まで走った人もいたね。強い心が育っているなあと、先生はうれしくなりました。では、みんなにご褒美のメダルを渡しますね。

5歳児へ

ひとりひとりが力を出し切った運動会

すばらしい運動会になりましたね。それはみんなひとりひとりが、自分の力を出し切ったからです。みんなの一生懸命な姿がとてもまぶしかったよ！　こんなに運動する力、やり抜く力、助け合う力がしっかり育っていることがうれしくて、先生は涙が出そうになりました。この力を生かして、これからもいろいろなあそびや行事に取り組もうね。

保護者の方へ

待ちに待った運動会がやってきました。子どもたちは、ダンスに使う旗を作ったり、応援のポーズを考えたり、友だちと力を合わせて楽しく取り組んできました。それを今日、おうちの方にも見ていただけるので、朝からわくわくしています。いろいろなハプニングもあるでしょうけれど、それもひとつひとつ、子どもの成長の糧となっていきます。どうぞ、温かい目で子どもたちを応援してあげてください。

保育に生かそう1

玉入れのアイディア

いっぱい食べたの、だあれ?

チームの競争ではなく、子どもが自分の好きな動物に向かって投げることを楽しみます。

行いかた

1. 動物の絵をはったかごを置く。4色の玉を適当に散らしておく。
2. 子どもたちは円の外に座ってスタンバイ。
3. 保育者が「4匹の動物がおなかをすかせています。ネズミには白いおもちを、サルには黄色いバナナを、パンダには青いササを、ウサギには赤いニンジンをいっぱい食べさせてあげましょう」と言い、笛の合図でスタート。
4. 笛の合図でやめ、それぞれの玉の数を数える。保育者は、「ネズミは○個、サルは□本…食べました。みんなおなかいっぱいになってよかったね」などと言って終了。

保育に生かそう 2

みんなであそぼう

園児の家族や来賓（らいひん）の方など、「来場者全員が一斉にあそぶ」ことを楽しみます。参加しやすいように、だれもがよく知る、シンプルなルールのあそびを行います。

行いかた

トラックを4分割してコーナーに分ける。
保育者は各コーナーに2～3人つく。

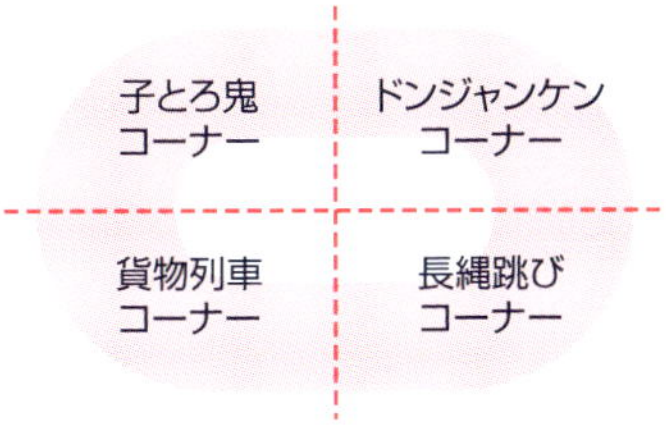

子とろ鬼コーナー

5～6人で1組になり、オニと親を1人ずつ決め、それ以外は子になる。子は親の後ろに1列につながり、オニは最後尾の子にタッチする。親はタッチされないように子を守る。オニにタッチされた人が次のオニになり、オニは次の親になる。

ドンジャンケンコーナー

左右に分かれ、「よういドン！」で両側から1人ずつ進む。出会ったところでジャンケン。勝ったらそのまま進み、負けたら自分の列の最後尾につく。次の人がスタートする。

貨物列車コーナー

音楽に合わせて動き、音楽が止まったところで近くの人とジャンケン。負けた人は勝った人の後ろにつく。これを繰り返す。

長縄跳びコーナー

保育者が長縄を回す。大回しや波振りなどをする。

10月 第2月曜日

体育の日

こんな日

元気に体を動かし、健康な体を作ろうという日。

1964年10月10日に東京オリンピックの開会式が行われたのを契機に、「スポーツにしたしみ、健康な心身をつちかう」日として1966年に制定。法律の一部改正により、2000年より10月の第2月曜日となった。当日は各地で体力測定や健康相談など、さまざまな催しが行われる。国民の祝日。

こんな話を

3歳児・4歳児へ

体を動かすと気持ちがいいね

跳んだり走ったり踊ったりすると、じわーっと汗が出てきて、いい気持ちになるね。体が目を覚まして、「元気だよ」とメッセージをくれているみたい。思いっ切り運動すると、体が強くなって病気にかかりにくくなるんだって。これからもたくさん楽しい運動あそびをして、心も体もじょうぶにしようね。

5歳児へ

日本でオリンピックが開かれた日

オリンピックって知ってる？　4年に一度行われる世界のスポーツのお祭りです。日本の東京でも開かれました。その「始まりですよ」の式が10月10日に行われたので、記念に「体育の日」として祝日になったんだよ(今は10月の2番目の月曜日)。みんなで、好きな運動を思い切りしてみよう。

保護者の方へ

1964年の東京オリンピックの開会式の日を記念して制定された日が体育の日です。初めは10月10日でした。この日は晴れの確率が高い日だったそうです。2000年の法改正で10月の第2月曜日に変わりました。さわやかな秋空の下で思い切り体を動かす楽しさや心地よさを感じてくださいね。お子さんといっしょに近所を散歩するのもすてきですね。

10月10日

目の愛護デー

こんな日

目の働きに感謝し、目をたいせつにしようという日。

10月10日の10と10を横に倒すとまゆと目の形に見えることから、中央盲人福祉協会の提唱により、1931年に「視力保存デー」として定め、1947年に「目の愛護デー」とあらためられた。1963年にはアイバンクが設立。目の無料相談や福祉施設への出張検診も行われ、眼疾患の予防意識の向上と早期発見・早期治療を呼びかけている。

こんな話を

3歳児・4歳児へ

目をたいせつにしよう

今日は10月10日。こうやって横に書くと（書いてみせる）、あれれ、まゆげと目になっちゃったよ。みんな、目をつぶってみて。…何も見えなくて真っ暗だね。真っ暗だと、歩く道もわからないし、信号も見えないね。好きなテレビ番組も絵本も見られなくなっちゃう。目はとてもだいじなものです。今日は、目をたいせつに守りましょう、という日なのです。

5歳児へ

目が見えるようになるために

目（角膜）が傷ついてしまったために、海も山もお花も見えなくなってしまった人がいます。そういう人たちがまた見えるようにと、目の銀行に「わたしが死んだらわたしの目を使ってください」とお願いしている人たちもいます。1人でも多くの人が、また美しい世界を見られるようになるといいですね。

保護者の方へ

今日は目の愛護デーです。現代の暮らしの環境は目を酷使しがちですね。子どもたちの目を守るためにも、テレビやゲーム、パソコンに向かう際の注意や、目を休めるために時々遠くの景色や空を見るということも伝えていきましょう。また、目の不自由な方への思いやりの気持ちもはぐくみ、力になれることがあったらともに行動したいですね。

10月27日～11月9日

読書週間

こんな日

本を読むおもしろさを知り、本と仲良くなる週。

「読書の力によって、平和な文化国家をつくろう」という趣旨で、読書推進運動協議会が主催。文化の日を中心とした2週間、実施されている。幼少期に絵本を読んでもらった子どもは平均読書量が多いというデータもあり、期間中は、読書を勧めるための催しが各地で開かれる。

こんな話を

3歳児へ

もっともっと本と仲良くなろう

絵本って不思議だね。読み始めると、今までの自分じゃなくなっちゃったように、違う世界に行けるものね。本は、みんなの心にたくさんの栄養を与えてくれます。10月27日から11月9日は「もっと本と仲良くなりましょう」という日です。たくさんの本と出合いましょう。

4歳児・5歳児へ

図書館へ行ってみよう

みんなは図書館に行ったことがある？　みんなのおうちの近くにきっとあるよ。そこには、園よりずっとたくさんの本があって、子どもの本のコーナーもあります。そして、好きな本があったら貸してくれるんだって。ぜひ、おうちの人といっしょに行ってみてください。そしてすてきな本があったら教えてね。みんなのお気に入りの本を、先生も読んでみたいからね。

保育に生かそう　お話スリーヒントゲーム

知っているお話が出てくるとうれしいですね。子どもたちは探偵になった気分が味わえ、推理力が高まる当てっこあそびです。

あそびかた

① お話にまつわるヒントを３つ出す。１つずつ、ゆっくり言う。

例１：
①わたしは女の子です。②魔法使いと会います。③ガラスの靴を落とします。
（答え：シンデレラ）

例２：
①わたしは鳥です。②みんなに仲間外れにされています。③実は白鳥でした。
（答え：みにくいアヒルの子）

例３：
①オオカミが出てきます。②はらぺこオオカミです。③オオカミはブタを１匹も食べられませんでした。
（３匹のこぶた）

② お話のタイトルを当てる。

＊ヒントを1つ言う度に、子どもたちは思いついたお話のタイトルを言ってよい。

保護者の方へ

今日から読書週間が始まりました。子どもたちは絵本が大好きで読み聞かせの時間は息をひそめ、熱心に聞き入っています。おうちではどうでしょうか。寝る前のひとときを絵本タイムにできるとすてきですね。また、図書館は地域の人のちょっとした憩いの場になっています。大人が熱心に本を読む姿からも子どもはよい影響を受けます。本を読む楽しさを知り、世界を広げていきましょう。

いも掘り

こんな日

サツマイモを掘って、作物の取入れを楽しむ日。

秋の自然に触れながら収穫の喜びを味わうために、多くの園で企画されている。いもはどんなふうにできるのか、土の中にはどんな生きものがいるのかなど、多くの発見を得られるようにしたい。畑の持ち主など、お世話になった人に感謝の気持ちを伝えることもたいせつに。

こんな話を　前日

3歳児・4歳児へ

おいもは根っこにできているよ

みんなが春に植えたときは、ただの葉っぱでしたね。たくさんの水や土の栄養を吸って、太陽の光をたくさん浴びて、どうなったと思う？　そう、根っこが太っておいもになるのです。丸い形や細長い形、ちびいもちゃんもいるかな？　きっと、みんなが掘ってくれるのを土の中でわくわくしながら待っていますよ。

5歳児へ

おいもは優しく掘ろうね

おいもを無理に引っぱると、途中でポキンと折れてしまうことがあります。乱暴に引っぱると、皮に傷がついて腐りやすくなるんだって。だから、おいもは、周りの土をていねいに掘って、そのままの形で出してあげようね。そうしたら、ずっと長持ち。焼きいも、てんぷら、いろいろなお料理にして、おいしく食べられるよ。

こんな話を 当日

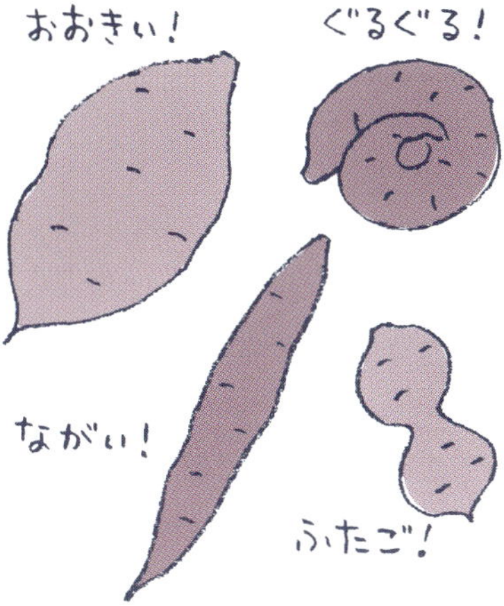

3歳児・4歳児へ

おいもたちに会えるよ

いよいよ今日は、みんなが楽しみにしていたいも掘りです。おいしいおいもたちが「早く掘って！」とみんなを待っていますよ。どんなおいもたちに出会えるかな？ みんなの力でおいもたちを外に出してあげようね。土のお布団を優しく手でよけて、そのままの形で出せたら、いも掘りの名人だよ。

5歳児へ

たくさん発見しよう

畑の様子はどんなふうに変わっているかな？ 葉っぱやつるはどうなっているかな？ みんなの目や鼻や耳や手を使って、しっかり感じとっていきましょうね。おいもの形や色、根っこの様子もよく見て、たくさんの発見をしてください。

保護者の方へ

今日は秋晴れのもと、子どもたちといも掘りに行ってきました。畑の土が硬くて苦戦していた子も、虫が出てくるとおもしろくなり、おいもが出てくるともっとおもしろくなり、「こんなに大きいの、掘れた」「赤ちゃんいももあった」と大騒ぎでした。本日2～3本ずつ持ち帰りますので、ぜひ夕食の一品に加えてあげてください。そして、いも掘りの話をたくさん聞いてあげてください。

10月ごろ　いも掘り

保育に生かそう 1

おいもであそぼ

小さすぎて食べられないいもや、調理で余った切れ端などを使って、あそびましょう。

あそびかた

おいもの動物ランド

ちびいもや切れ端を、何かの形に見たて、竹串やようじなどを差して、ミニ動物を作る。

おいもスタンプ

おいもの切り口に釘で好きな絵や模様をかき、スタンプにしてあそぶ。

保育に生かそう 2

おいものつるであそぼう!

サツマイモのつるは長くてじょうぶ！　掘り終わった子から、つるを使っていろいろなあそびをしてみましょう。

あそびかた

● つる引き

綱引きのように引っぱる。

● つる跳び

適当な長さに切って、縄跳びのように跳ぶ。

● つるのしっぽ

つるを腰に巻き、たらして歩く。
恐竜イモザウルスになった気分！

● 葉っぱの冠

葉っぱの付いたつるを、ぐるぐる巻きにして頭に載せる。

＊園に持ち帰り、洗って乾かしてから使う。

10月31日

ハロウィーン

こんな日

亡くなった人の霊を迎え、悪霊を追い払う祭。

キリスト教では11月1日「万聖節」(あらゆる聖人を記念する日)の前夜祭にあたる。古代ケルトの暦では、11月1日から新年で、大みそかの10月31日の夜には死者の霊が戻ってくるといわれ、火をたき供物を捧げた。この習わしの一部が広まったといわれる。

こんな話を

3歳児・4歳児へ

悪魔ってほんとうにいるのかな?

外国では、亡くなった人の霊が10月31日におうちに帰ってくるんだって。日本のお盆と似ていますね。そのときに悪魔もいっしょについてきてしまうから、身を守るために仮面をかぶったり、魔よけの火をたいたりするそうです。悪魔って、なんだか節分の鬼に似ているね。

5歳児へ

ジャックのかぶちょうちん

けちんぼうでお酒ばかり飲んでいたジャックは、死んだ後、天国にも地獄にも入れてもらえず、暗い闇の中をさまよい歩きました。それを見た悪魔に、地獄の火をもらったジャックは、くりぬいたカブに、その火を入れてちょうちんにしました。それが今では、「魔よけのちょうちん」として、カボチャで作るようになりました。ハロウィーンのときによく見るよね。

保護者の方へ

最近は日本でもハロウィーンパーティーなどが行われるようになりましたね。子どもたちもお菓子をもらえるので大喜びです。ジャック・オー・ランタンといったカボチャの飾りものなど、外国の文化にふれる機会でもあります。仮装している人たちもおもしろいですね。世界にさまざまなお祭りがあることを知り、自分もいっしょに楽しめるようになるといいですね。でも、はめを外しすぎないようにご用心ください。

11月

霜月
しもつき

霜が降りる月。

11月3日

文化の日

こんな日

みんなが快適で幸せに暮らせるよう考える日。

「自由と平和を愛し、文化をすすめる」日として制定。1946年のこの日に日本国憲法が公布されたので、憲法の精神を生かして文化を進めようとの趣旨で2年後に設けられた。文化に貢献した人々に、皇居で文化勲章が贈られ、各地で芸術祭も催される。国民の祝日。

こんな話を

3歳児・4歳児へ

便利な暮らしは、たくさんの人のおかげ

昔の人は、寒くても川でゴシゴシ洗濯していたんだよ。手は冷たいし、腰は痛くなるし、たいへんだったろうね。洗濯機はだれがどうやって作り出したのかな？　すばらしい発明だよね。エレベーターがあるから階段をたくさん上らなくても屋上まで行けるし。みんなが暮らしやすくなるように、たくさんの人が、いろいろなことを考えてくれているのですね。

5歳児へ

「文化」は心の栄養

みんなの好きな絵本は何？　…そう、楽しいお話だね。わくわくしたりドキドキしたり、心がほっとするのもあるね。好きな歌は？　わあ、おもしろい！　元気が出てくるね。映画や美術館の絵や遊園地も、みんなの心に栄養をくれます。生きているってすてきだなあと思わせてくれる、それが「文化」です。

保護者の方へ

わたしたちの暮らしは、10年前に比べても、さらに便利になっていますよね。それは日々研究を重ねたり、便利な仕組みを考えたりしてくれる人々のおかげです。心豊かになる催しもたくさん行われていますね。幸せに暮らせることに感謝しながら、子どもたちにもさまざまな芸術との出合いや自分にできることを考える機会を与え、生きる喜びを実感しましょう。

11月8日ごろ

立冬

こんな日

カレンダーの上で、冬が始まる日。

二十四節気のひとつで暦の上で冬が始まる日。立冬から立春（2月4日ごろ）の前日までが冬となる。徐々に日差しは弱まり、昼の時間もますます短くなってくる。北の地方から初雪や初霜、初氷の便りが届くのもこのころから。

こんな話を

3歳児・4歳児へ

木や虫や動物たちも冬のしたくを始めるよ

冬になったら、みんなのおうちではホットカーペットやこたつを出したり、セーターや厚いコートを用意したりするよね。森の動物や虫たちも、暖かい場所を見つけたり、冬の間の食べ物を集めたり、ちゃんと準備をします。お庭の木はどうかな？　イチョウの葉が黄色くなったり、ひらひら落ちてきたり。冬の寒さに耐えて、また春に元気に活動するための知恵なんだよ。

5歳児へ

冬が少しずつ近づいているよ

今日は「立冬」といって、冬が始まる日です。そういえば最近寒くなってきましたね。厚めのトレーナーを着たり、上着をはおったりしている子も増えたね。お日さまが出ている時間が少しずつ短くなってきたからです。夕方、暗くなるのも早くなってきましたね。

保護者の方へ

肌寒くなってきたなあと思ったら、今日は立冬です。間もなく冬がやってくることを実感しますね。子どもたちの中にも鼻水が出たりせきをしたりする子も少しいるようです。冬物の洋服や手袋を用意して、冬じたくを始めましょう。暖かくすると、園外散歩も楽しくできます。体調に気を付けて、あしたも元気に登園してくださいね。

11月15日

七五三

こんな日

3－5－7歳まで無事に成長したことを祝う日。

一般的に、男子は3歳と5歳、女子は3歳と7歳になった節目に、無事に成長したことを祝い、これからの健康を祈る行事。江戸時代には、3歳で髪を伸ばし始める「髪置き」、5歳で男子がはかまをつける「袴着（はかまぎ）」、7歳で女子が着物の付けひもをやめ、帯を用いる「帯解き」の儀式を行った。

こんな話を

3歳児・4歳児へ

5歳、3歳になっておめでとう

元気に○歳になれてよかったね。おめでとうございます。昔はいい薬がなかったし、手術ができるようなお医者さんもいなかったから、病気で死んでしまう子どもが多かったんです。だから、○歳を迎えることができるって、とてもうれしいことだったんだよ。

5歳児へ

多くの人がみんなの成長を見守っているよ

みんなのお父さんやお母さんは、みんながけがをしたり病気になったりしたら、とても心配するよね。そして元気でいると、とても喜んでいるよね。おじいちゃんやおばあちゃんも、みんながあいさつする近所の人も同じ。もちろん先生も、みんなが元気で大きくなってほしいといつも思っています。だから、あまり危ないことはしないで、「命」をたいせつにしてくださいね。

保育書目録

すぐに役立つ
保育のヒントが
いっぱい！

Gakken

保育者サポート

「子ども主体の協同的な学び」が生まれる保育

大豆生田啓友／編・著
A4判　144p　本体2,800円+税
9784054060371
新制度時代に求められる本物の乳幼児教育とは？　10の保育実践例を紹介。

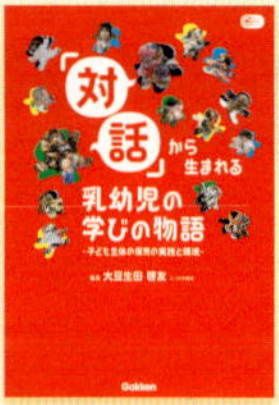

「対話」から生まれる乳幼児の学びの物語
子ども主体の保育の実践と環境

大豆生田啓友／編・著
A4判　144p　本体2,800円+税
9784054064188
『「子ども主体の協同的な学び」が生まれる保育』の第2弾。0～5歳児の保育実践を、エピソードと多くの写真で紹介。

子どもが育つ保育環境づくり
園内研修で保育を見直そう

柴崎正行／編・著
A4判　208p　本体2,500円+税
9784054056169
14の環境づくりの実践報告に加えて、園内研修（研究）にそのまま生かせる素材を収録。

園内研修に生かせる実践・記録・共有アイディア
「科学する心」をはぐくむ保育

秋田喜代美・神長美津子／監・著
AB判　96p　本体1,700円+税
9784058006108
ソニー幼児教育支援プログラムの優れた入選論文や実践事例を元に構成。園内研修に生かせるヒントが満載！

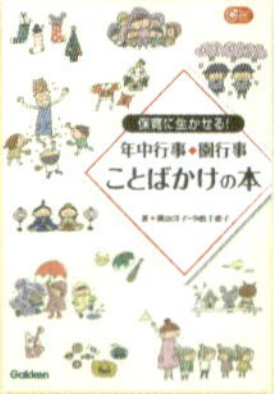

保育に生かせる！ 年中行事・園行事ことばかけの本

横山洋子・中島千恵子／著
A5判　144p　本体1,300円+税
9784054059153
3～5歳児が理解しやすいことばで行事の意味や由来を解説。行事すべてに保護者へのことばかけも収録。

保育者のためのお仕事マナーBOOK

横山洋子・中島千恵子／著
A5判　112p　本体1,400円+税
9784054062269
保護者と上手に付き合い、職場での人間関係をスムーズにする、基本マナーを具体的に解説。場面別敬語表現付き。

保育の瞬間
「りんごの木」の保育・子育てエピソード

柴田愛子／著
四六判　208p　本体1,600円+税
9784058006030
「ひとりぼっち」「みんなと一緒にできない」…気になる子どもの姿を、著者が温かなまなざしでとらえた1冊。

0.1.2歳児の育ちが伝わるイラスト&文例
CD-ROM付き

頭金多絵／監修
AB判　120p　本体2,300円+税
9784054059825
発達・生活・あそびなど、育ちの姿がいっぱいのイラスト&文例集。イラスト855点、文例194本収録。

3・4・5歳児の保育おたよりイラスト決定版
ピコロのCD-ROMブック

学研教育出版／編
AB判　160p　本体2,800円+税
9784054059955
おたよりに大活躍のイラストが、月別にカラー、モノクロ、Lサイズ合計4768点。JPG、BMPデータを収録。

健康おたより文例集春夏秋冬
CD-ROM付き

金澤治／監修
AB判　96p　本体2,800円+税
9784054053533
病気や生活習慣などの文例を、かわいいイラストとともに収録。カラーとモノクロで使用OK。

指導計画・指針／要領・保育要録

発達が見える!
0.1.2歳児の指導計画と保育資料
CD-ROM付き

増田まゆみ／監修
AB判　256p　本体3,000円＋税
9784054055872
保育所の実践を追った指導計画と保育資料集。ねらいから実践のつながりがよくわかる。

発達が見える!
3歳児の指導計画と保育資料
CD-ROM付き

秋田喜代美／監修
AB判　152p　本体2,100円＋税
9784054055834
幼稚園、保育所の実践を追った指導計画と保育資料集。ねらいから実践のつながりがよくわかる。

発達が見える!
4歳児の指導計画と保育資料
CD-ROM付き

秋田喜代美／監修
AB判　152p　本体2,100円＋税
9784054055841
幼稚園、保育所の実践を追った指導計画と保育資料集。ねらいから実践のつながりがよくわかる。

発達が見える!
5歳児の指導計画と保育資料
CD-ROM付き

秋田喜代美／監修
AB判　152p　本体2,100円＋税
9784054055858
幼稚園、保育所の実践を追った指導計画と保育資料集。ねらいから実践のつながりがよくわかる。

0·1·2歳児の指導計画12か月
CD-ROMブック

渡邊暢子／監修
A4判　208p　本体3,000円＋税
9784054049086
指導計画のほか、食育計画、保育課程などを掲載。計画に関連したあそびや環境のアイディアも豊富に収録。

発達が気になる子の個別の指導計画

酒井幸子・田中康雄／監修
AB判　128p　本体1,600円＋税
9784054056060
作成に苦慮しがちな「個別の指導計画」について参考となる書式や、それを使った指導実践例を広く紹介。

ポイント&実践サポート
保育所保育指針ハンドブック

大場幸夫／監修
A5判　192p　本体1,600円＋税
9784054039926
保育所保育指針の基本的な考え方や押さえておきたいポイントが、イラストや事例でよくわかる。

解説&実例アドバイス
幼稚園教育要領ハンドブック

無藤隆／監修
A5判　192p　本体1,600円＋税
9784054039933
幼稚園教育要領の原文の大切なところや新しくなった箇所をピックアップ。豊富な事例でわかりやすく解説。

これ1冊で安心
保育所児童保育要録書き方ガイドbook

寺田清美／監修
AB判　96p　本体1,800円＋税
9784054043381
実際の子どもの姿を5領域の視点からとらえ、事例を挙げる。事例には、要録に合わせた文例と解説付き。

保育CALENDAR

1月	2月	3月	4月	5月	6月
・正月	・節分 ●発表会	・ひなまつり ●卒園 ●春休み	●入園	・こどもの日 ・母の日 ●春の遠足	●運動会 ・父の日

新年度準備・保育書フェア（3月〜5月）

※・は一般的な行事です。

新年度 保育者になったら「保育力UP!」シリーズ

保育の基本がよくわかる!

新年度 担任が決まったら指導計画を

見通しをもった保育ができる!

1年中 あそびはCD付きで

運動会・発表会にも使える!

1年中 おたより作りに必携

CD-ROM付きで簡単に作れる!

保育に生かそう

7.5.3ことば集め

7、5、3という数に親しみを持てるよう、3歳児なら3音のことば、4歳児なら3音と5音のことば、5歳児なら3音、5音、7音のことばを集めます。

＊4歳児には、「みんなも3歳の時、七五三のお祝いをしたよね」と3音のことばを探し、「次に5歳のお祝いがあるよ。5音のことばにも挑戦できるかな？」と探します。

作りかた

① 保育者が「七五三は7歳と5歳と3歳のお祝いだよね。まず3回手をたたいてみよう」と言い、3回たたく。

② 保育者が「たたいたのと同じ音のことばを探してみよう」と言い、3音のことばを探す。

③ 保育者が「例えば、イチゴ。これはいくつかな。手をたたいてみよう」と言い、3回たたく。

④ 保育者が「3だね。3の仲間。ほかに3音のことばはあるかな？」

＊3歳児には、「3つの指にぴったりすることば、み・か・ん」と数え方を知らせる。
＊5音、7音も同様に行う。

保護者の方へ

七五三を迎えられ、誠におめでとうございます。大きな病気や事故もなく、健やかに成長されましたこと、お慶び申し上げます。子どもたちはオリジナルの千歳飴の袋を作りました。それぞれのくふうで、これからも元気で大きくなりますようにと祈りを込めています。今日、千歳飴を入れて持ち帰りますので、お祝いの際に話題にしてあげてください。

11月ごろ

作品展

こんな日

自分たちの作品を、おおぜいの人に見てもらう日。

子どもたちの創作活動が活発になる、秋から冬に行われることが多い作品展。展示のために製作するのではなく、日ごろの保育のようすがわかるようにしたい。子どもたちがあそび込んだものは味があり、壊れて何度も直した跡がまたよい。「これを見せたい」という子どもの思いをたいせつに。

こんな話を

3歳児・4歳児へ

みんなの園が美術館に変身!

今日の園は、いつもとぜんぜん雰囲気が違いますね。そう、美術館に変身しているんだもんね。みんなのすてきな作品があちこちに飾ってあります。お客さんもたくさん来ます。みんながくふうしたところ、たいへんだったところ、うまくいってうれしかったことも、たくさんお話ししてください。

5歳児へ

友だちの作品、どれが好き? どこが好き?

みんな、自分の作品がいちばん好きだと思うけど、今日は、友だちの作品をじっくり見てください。ほかのクラスにも、小さい組さんにも、すばらしい作品がたくさんあります。お気に入りを見つけたら、どこが気に入ったか、作った人に教えてあげてください。きっと大喜びするよ。

保育に生かそう

作品の飾りかた

作品がよりよく見えるように、配置と飾りかたをくふうしましょう。1人の子どもの作品が複数ある場合は、端と真ん中など、バランスよく配置します。

・高低差をつけたりランダムに置いたりする。

・台紙は作品が引き立つような色を選ぶ。
・台紙の形もくふうする。

・その子なりの表現を具体的に認める。

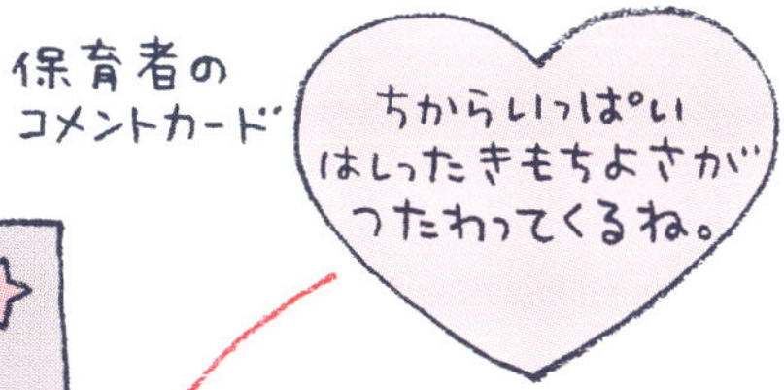

コメント例
・画面いっぱいにうれしい気持ちがあふれているね。
・動物の毛が1本1本ていねいにかかれているね。
・力いっぱい走った気持ちよさが伝わってくるね。

保護者の方へ

本日は作品展にお越しいただきありがとうございます。子どもたちが日ごろのあそびで作ったものや、新しい素材や表現方法と出合って取り組んだものなど、いろいろ展示してあります。どうぞ、お子さんといっしょに見て回り、くふうしたところやたいへんだったこと、作品に込めた思いなどにも目を向けてください。また、ほかの人の作品のいいところを見つけて、作品展を楽しんでください。

11月23日

勤労感謝の日

こんな日

働いているすべての人々に、ありがとうの気持ちを持つ日。

「勤労をたっとび、生産を祝い、国民たがいに感謝しあう」日として、1948年に制定。それ以前は「新嘗祭（にいなめさい）」として収穫に感謝する祭日だった。現在は農作物の収穫だけでなく、働く人すべてに感謝する日、働く喜びを味わい、感謝する日となっている。国民の祝日。

こんな話を

3歳児・4歳児へ

働く人に「ありがとう」を伝えよう

だれに「ありがとう」の気持ちを伝えたい？　バスの運転手さん？　コンビニのお姉さん？　みんなのおうちで働いている人は？　お父さんやお母さんが働くのはなんのためかな？　掃除したり洗濯したり、食事の用意をするのはだれのため？　そう、家族のために働いているんだね。帰ったら、心を込めて「ありがとう」って伝えようね。

5歳児へ

たくさんの人が働いているんだね

朝ごはんは何を食べた？　○○ちゃんは目玉焼きと野菜サラダとパン？　だれが作ってくれたの？　そう、お母さん（お父さん）。○○ちゃんが朝ごはんを食べるために、パンを焼くパン屋さん、レタスを作った人、ニワトリを育てた人、トラックで食料を運んだ人、お店の人、まだまだたくさんの人が働いてくれたから、おいしく食べられたんだね。

保護者の方へ

あしたは勤労感謝の日です。今日、子どもと話し合いましたところ、とても多くの方々が自分たちのために働いてくれていることがわかりました。社会にはさまざまなしごとがあり、その就労によってわたしたちの暮らしが成り立っていることに感謝したいと思います。「いつもありがとう」と心を込めてお礼を言いたいですね。

12月

師走（しわす）

師匠も忙しく走り回るという意味。

12月4日〜10日

人権週間

こんな日

ひとりひとりの違いとよさを知り、だいじにすることを考える週。

1948年12月10日、国連総会で「世界人権宣言」が採択された。「人間は生まれながらにして自由で、人種、性別、言語、宗教などによって差別されることがない」という30か条にわたる大宣言。これを記念し、国連は10日を「世界人権デー」、法務省及び全国人権擁護団体は、4〜10日を「人権週間」とした。

こんな話を

3歳児・4歳児へ

だいじでない人間はひとりもいないよ

みんなは帰る家があるよね。おなかがすいたら、おうちの人が食事の用意をしてくれるよね。でも、世界には、何も悪いことをしていないのに捕まったり、考えかたが違うからといって戦争になって、家がなくなってしまったり、おなかがすいても食べるものがなかったりする人がたくさんいます。とても悲しいことです。みんなが幸せになる世界を作っていきたいですね。

5歳児へ

違うからこそ楽しいんだね

「みんなちがって、みんないい」。これは、金子みすゞさんという人が書いた詩です。世界には、肌や髪や目の色が違う人たちがたくさんいます。みんなは日本語でお話しするけど、英語や中国語やスペイン語で話す人もいるよね。生活のしかたや考えかたが違っても、きっと仲良くなれるはずです。違うところがあるからこそ、楽しいんだね。

保育に生かそう 仲良しカルタを作ろう

仲良しの友だちのことを考えて作ります。5文字、7文字にはめて考えますが、字余りなどは気にしないで作っていきましょう。

作りかた

① 保育者が「仲良しになってうれしいよね。お友だちのどんなところが好きかな？」などと、考えるきっかけを与える。
おともだち、おもいやり、○○ぐみは、たのしいな、やさしいね、げんきよく、みんななかよく、いっしょにあそぼ…など。

② 出てきたことばでカルタを作る。保育者が字を書き、子どもたちが絵をかく。8～10枚ほどできればよい。

③ できたカルタであそぶ。

＊3歳児は、保育者が子どもそれぞれのよいところを取り上げて作っても。

保護者の方へ

「人権」というと子どもたちにとって難しいものと思ってしまうかもしれませんが、人はひとりひとり違っていて、それぞれよいところを持っています。そのよさを見つけ、認め、受け入れていくということなのです。子どもたちが友だちのよさを見つけ、お互いにできることで協力していけたらすばらしいですね。他者を思いやり、互いに助け合っていくという気持ちを育てていきたいと思います。

12月10日

ノーベル賞授賞式

こんな日

世界中の人の役に立つしごとをした人に賞を贈る日。

ダイナマイトの発明者、アルフレッド・ノーベルの遺言によって、1901年から始まった世界的な賞。物理学、化学、生理学・医学、文学、平和、経済学の6つの分野で顕著な功績を残した人物に贈られる。この授賞式が12月10日に行われる。

こんな話を

3歳児・4歳児へ

よい働きをした人に贈られる賞

ノーベル賞は、世界中の人々のためによい働きをした人に贈られるご褒美の賞です。昔、ノーベルさんはダイナマイトという爆薬を発明したのだけど、戦争でたくさんの人を殺すために使われて、心を痛めていました。それで、発明で得たお金を世界中の人のためになるしごとをした人にプレゼントすることにしたそうです。今年はだれがもらうのかな。

5歳児へ

研究を粘り強く続けて成功した人へ

今年も世界中から役に立つしごとをした人にノーベル賞が贈られます。日本人にももらった人がいますよ。失敗してもあきらめないで研究を続けて成功した人たちです。くじけないで努力を重ねたからこそ、みんなの役に立つしごとができたのですね。みんなの中にも将来、ノーベル賞をもらう人がいるかもね。

保護者の方へ

今年もノーベル賞授賞式の日がやってきました。日本のマスコミは日本人が受賞するかどうかに関心が向きがちですが、世界の人々のために力を尽くしている人たちがいることを、子どもたちに伝えたいですね。また、子どもたちも将来、ノーベル賞を受賞する可能性があります！　好奇心をたいせつにして、やりたいことが存分にできるよう、サポートしていきましょう。

12月22日ごろ

冬至

こんな日

1年のうちで、昼がいちばん短く、夜がいちばん長い日。

二十四節気のひとつ。北半球では1年中で夜がいちばん長く、昼がいちばん短い日。この日、北極圏では太陽が現れず、南極圏では太陽が沈まない。冬至を太陽の新生の日として祝い、春を呼ぶさまざまな行事を行うところもある。

こんな話を

3歳児・4歳児へ

かぜをひかずに、元気に過ごそう

冬至には、カボチャを食べるとよいといわれています。カボチャには栄養がたっぷり入っているから、かぜをひきにくくなるんだって。それからユズ湯に入ります。ミカンみたいないいにおいのするユズという果物をおふろに入れると、体があたたまるという昔の人の知恵です。寒さに負けないで、元気に冬を乗り切りましょう。

5歳児へ

短い昼をたいせつに

ずいぶん寒くなったね。これは、太陽が早く沈んでしまうからです。夏は7時ごろでもまだ明るかったけど、今は4時になるともう暗くなってしまうね。短い昼をたいせつにして、元気にあそびましょう。暗くなったら、空を見上げて、一番星を見つけるのも楽しいですよ。

保護者の方へ

今日は冬至で、昼がいちばん短く夜がいちばん長い日です。明日からは少しずつ太陽の出ている時間が長くなっていきます。北極圏は夏至には白夜でしたが、冬至には一日中太陽が沈んだ状態になり、南極圏が白夜になるそうです。不思議な現象ですね。日本では、冬至にはカボチャを食べ、ユズ湯に入る慣習があります。今日の夕ごはんにはカボチャの一品、おふろにはユズを浮かべてみてくださいね。

12月下旬

もちつき

こんな日

正月の準備のため、みんなでおもちをつく日。

もちは「望」に通じ、満ち足りていることを表している。正月、神仏にもちを供えるのは家族みんなが満ち足りた気持ちで1年を過ごし、不幸なく希望がかないますようにという願いから。12月29日は「苦餅」になるとして、もちをつくのを避ける習慣もある。

こんな話を

3歳児・4歳児へ

力を合わせてペッタンコ!

今日はいよいよもちつき大会！　みんな元気もりもりかな？　きねは重いけど、みんなの力でペッタンペッタンとつけば、あーら、不思議！　ふかしたお米が、のびのびのおもちに大変身！　できたら、きなこやあんこ、のりやダイコンおろしでおいしくいただきましょう。みんなでついたおもちは、特別な味がするはずです。

5歳児へ

おもちの準備はたいせつな年末のしごと

みんなのおうちには、おもちをつく道具がありますか？　昔はどこの家でもうすやきねがあって、自分の家でおもちをついていました。今では、機械でついたり、お店で買ってきたりするほうが多いですね。お正月に「年神様（としがみ）」という神様をお迎えするためのおもちを用意するのは、たいせつな年末のしごとです。

保護者の方へ

本日は、子どもたちのもちつきにご協力いただきまして、ありがとうございます。昔はそれぞれの家庭で行っていたもちつきですが、最近では行う機会も見る機会も少なくなってきましたね。今日は、お米がおもちになっていく過程を間近で見つめ、みんなで力を合わせておいしいおもちを作って食べる体験ができたらと思います。どうぞ一日、よろしくお願いいたします。

12月23日

天皇誕生日

こんな日

人々の幸せを祈ってくださっている天皇陛下の誕生日を祝う日。

天皇の誕生日を祝う日。天長節といわれていたが、1948年に「天皇誕生日」と改称。1989年からは、現在の天皇の誕生日になった。宮中では、祝賀の儀、宴会の儀、茶会の儀、一般参賀が行われる。国民の祝日。

12月

こんな話を

3歳児・4歳児へ

天皇陛下のお誕生日

みんなのお誕生日は○月○日？　12月23日は今の天皇陛下のお誕生日です。天皇陛下のお顔を見たことがありますか？　愛子様や悠仁（ひさひと）様のおじい様ですね。天皇陛下はいつも世界の人々の幸せを祈ってくださっています。みんなもいっしょにお祝いしましょうね。

5歳児へ

天皇のしごとを知っている？

12月23日、カレンダーを見ると赤で印刷されて祝日になっているね。どうしてかな？　そう。天皇陛下の誕生日です。天皇陛下のおしごとは何でしょう。みんなが幸せに暮らせるように、いろいろなところへ行って、人々の話を聞いたり励ましたり、いろいろな国からいらっしゃるお客様をもてなしたりというおしごとをされているのです。

保護者の方へ

年末に祝日があるとうれしいですね。祝日をプレゼントしてくださったのは、天皇陛下です。国内外のさまざまな行事へのご出席、福祉施設や被災地のご訪問、海外からのお客様をおもてなしなさる様子などがニュースでも拝見できますね。子どもたちにも天皇陛下の存在としごとを知らせ、その誕生日を祝う気持ちを持てるようにしましょう。そして、人の痛みも自分のことのように感じ、人々のために尽くそうとするお心を見習いたいものです。

12月25日

クリスマス

こんな日

人々の幸せを願った、イエス・キリストの誕生日を祝う日。

イエス・キリストの誕生を祝う、キリスト教にとっては重要な日で「降誕祭」とも呼ばれる。キリストは、約2000年前に、ベツレヘムという町の馬小屋で生まれたと伝えられている。また、サンタクロースは、トルコの司教セント・ニコラスがモデルだといわれる。

こんな話を

3歳児・4歳児へ

サンタクロースは、きっと来てくれるよ

サンタさんは、フィンランドという国のサンタクロース村に住んでいます。世界中の子どもたちにプレゼントを配らなければならないから、大忙しだろうね。どうして一晩で配れるのかな？　どうしてみんなの欲しいものがわかるのかな？　きっとサンタさんは不思議な力を持っているのでしょう。

5歳児へ

今日は、イエス・キリストの誕生日

クリスマスは、イエス・キリスト様の誕生日です。キリスト様は、みんなが幸せになるにはどうしたらよいのか、ということをいろいろ考えて、みんなに話して聞かせた人。弟子たちから、とても頼りにされていました。みんなの罪をひとりで背負って十字架にはりつけにされましたが、3日後に生き返ったといわれています。

保育に生かそう オリジナルリースを作ろう

いろいろな素材を用意しておき、子どもたちが自由に作れるようにしておきます。自然物の香りや手触りも感じながら、クリスマスへの期待を膨らませましょう。

準備

紙皿の真ん中をくり貫き、リボンを通す穴を開けておく。

作りかた

① 3歳児は絵の具で色を塗る。
4・5歳児は、穴あけパンチで穴を開け、周りに毛糸を自由に通す。

〈3歳児〉

＊緑色系を中心に5～8種類の毛糸（太さもいろいろ）を用意しておく。

〈4・5歳児〉

② それぞれ好きなパーツを木工用ボンドではる。

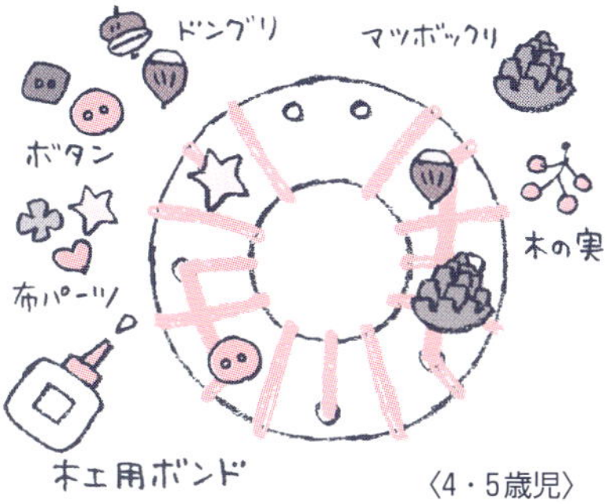

〈4・5歳児〉

③ つりさげるリボンを結ぶ。

〈3歳児〉

〈4・5歳児〉

保護者の方へ

街中がクリスマスのイルミネーションできれいですね。クリスマスというと、子どもたちはサンタクロースがプレゼントを持ってきてくれる日と思っているようです。それもひとつの側面ではありますが、やはりイエス・キリストの誕生日であることを伝えたいと思います。キリスト教徒でなくても人々に大きな影響を与えた人として、知っておくことは意味があります。優しい心でクリスマスを祝いましょう。

12月31日

大晦日（みそか）

こんな日

1年の最後の日。新年を迎える準備をする。

各月の末日「晦日」に対し、1年の最後の日を「大晦日」という。この日は昔から年越しそばを食べる風習がある。細長いそばにあやかり、寿命や家運をのばすという願いや、切れやすいという点から、1年の苦労や厄災を切り捨てるという意味がある。

こんな話を

3歳児・4歳児へ

大晦日は1年の締めくくり

もうすぐ今年も終わりですね。どんなことがあったかな？　仲良くなった友だちの顔、楽しかったあそび、うれしかったことなど、いろいろ思い出してみましょう。1年前にはできなかったことができるようになった人がたくさんいますね。さあ、来年はどんなことが待っているかな？　いいことがいっぱいあるといいね。

5歳児へ

新しい年を迎える準備をしよう

おうちの人は、忙しそうにしていませんか？　そう。新しい年を迎えるには、いろいろな準備をしなくてはいけません。家中をきれいに掃除したり、お正月に食べるおせち料理やおもちの用意をしたり、年賀状を書いたりね。みんなにもできること、きっとあるよね。まずは、自分のおもちゃの片づけから始めましょう。

保護者の方へ

この1年はどんな年だったでしょうか。泣いてばかりだった我が子も、ずいぶんと成長したなあと感じられるのではないでしょうか。さて、まもなく新しい年がスタートしますね。どんな年になるでしょう。1日1日をたいせつに、今しか見ることができない子どもの姿を受けとめることが、幸せな1年につながるのではないかと感じています。

1月 睦月 むつき

「睦む」は「仲良く親しみ合う」という意味。家族や親戚が仲良く新年のよき日を祝い、迎える月。

1月

正月

こんな日

新しい年を運んでくる年神（としがみ）様を迎え、お祝いする行事。

「年神」という神様を迎える行事。年神様は正月様とも呼ばれ、田の神であり祖先の霊でもあると考えられており、これから始まる年の田の豊作と家族の繁栄を見守ってもらうよう、年神様をお迎えするための門松を立て、鏡もちやおせち料理を用意した。1月1日は「年のはじめを祝う」日。国民の祝日。

こんな話を

3歳児・4歳児へ

お正月には神様をお迎えするよ

お正月は、「年神様」という神様をお迎えするときです。昔の人は、年神様が、田んぼのお米がたくさんできるように、家の人たちがみんな元気で幸せになれるように、見守ってくださると信じていました。だから、年神様がちゃんと来てくれるように門松を立てたり、おもちやお料理を用意したのです。

5歳児へ

今年も元気でがんばろう

あけましておめでとうございます。みんなもお正月におうちでごあいさつできた？「お正月」には年の初めという意味があります。「めでたい」は、芽が出る、新しく生まれるということです。今年もやりたいことがたくさんあるよね。みんな元気でがんばろう！

保育に生かそう

お年玉はどこだ

お年玉を隠し持っているのはだれかを当てるゲーム。相手の表情が動いたら推測して考えていく心理戦です。

あそびかた

5〜6人で行う。

① オニを1人決め、オニは中央、ほかの子はその周りに円になって座る。オニは目をつぶり、その間にだれか1人がお年玉（お手玉）を握り、そのほかの子も全員両手を握って前に出し「もういいよ」と言う。

② オニは目を開け、どの手の中にお手玉があるかを指さして当てる。

③ オニに指されたら、その手を開いて見せ、当たったら、その子が次のオニ。

＊当たるまで行う、指す回数を決める、お手玉を2個にする、など、人数や年齢に合わせて、ルールを変えて楽しむ。

保護者の方へ

正月は、年の始まりに各家におりてくる年神様をお迎えし、五穀豊穣と健康を願う行事で、年神様をもてなすために行われます。門松や注連飾りは年神様を迎えるため、鏡もちやおせち料理は年神様へお供えするためのものです。ひとつひとつに意味がある日本の伝統ですから、子どもたちにも伝えていきたいですね。

1月7日

七草

こんな日

健康によい7つの草で作ったおかゆを食べる日。

1月7日は「人日（じんじつ）」という五節句のひとつ。この日、中国では、7種類の若菜を入れた熱い汁物を食べて無病息災を祈った。日本にも春の若菜を摘む習慣があり、「人日」と結びついて「七草がゆ」の習慣になったといわれている。

こんな話を

3歳児・4歳児へ

七草がゆで、おなかもちょっとひと休み

「七草がゆ」ってことばを聞いたことがある？ 1月7日に食べる、7つの草を入れたおかゆのことです。7つの草とは、セリ、ナズナ、ゴギョウ、ハコベラ、ホトケノザ、スズナ、スズシロ。お正月はごちそうをたくさん食べたから、このへんでちょっと、おかゆを食べて、いっぱい働いたおなかを休ませてあげるんだね。

5歳児へ

草の栄養で、元気な体に

野原に芽を出す七草は、緑がいっぱいだから、「ビタミン」という栄養がたくさんあります。それから、おなかの働きをよくしたり、熱を下げたりもするんだって。おかゆに入れる時は、七草をお湯でゆでたら、まな板の上でとんとん細かく刻みます。みんなも、お手伝いできそうだね。

保育に生かそう

七草カードであそぼう

手作りの七草カードを使ってのゲームあそびです。ルールはトランプゲームの応用で、いろいろなあそびかたで楽しめます。

準備

厚紙に七草を1つずつかいたものを4～5セット作る。

あそびかた

絵合わせ

2枚カードをめくって、同じ絵がでたらカードをもらう。違っていたら戻す。カードの多い子の勝ち。

七草がゆ

順番にカードを1枚ずつめくり、取っていく。自分の持っているカードの場合は戻す。早く7種類集めた子の勝ち。

七草当てっこ

最初に、草の名まえを言ってから1枚めくる。合っていたら取り、違っていたら戻す。早く7種類集めた子の勝ち。

保護者の方へ

お正月はごちそうを食べて、おなかが少々疲れ気味になります。そこで、7日にはビタミン豊富な七草で作ったおかゆを食べて、おなかを休ませてあげるのです。7つの草の名前を言えますか？　子どもたちは今日一生懸命に覚えていましたよ。メニューに加えてはいかがでしょう。

1月 第2月曜日

成人の日

こんな日

20歳になり、おとなの仲間入りをした人をお祝いする日。

「おとなになったことを自覚し、みずから生き抜こうとする青年を祝いはげます」ことを目的として1948年に制定。昔は元服が男子の成人式だった。現在は民法で20歳になるとおとなと認められる。法律の一部改正により、2000年より1月の第2月曜日になった。国民の祝日。

こんな話を

3歳児・4歳児へ

体も心もどんどん大きく

みんな昔は子どもでした。お父さんもお母さんも先生も、赤ちゃんで生まれて、たくさんの人にお世話してもらって、いろいろなことを教えてもらったり、しかられたりしながら大きくなりました。おとなは体も大きいけれど、心も大きくて、ほかの人のことを考えていける人です。しっかり食べて、いっぱいあそんで、みんなの体も心も大きくなっていくのですよ。

5歳児へ

おとなになっておめでとう

成人の日は、おとなになった人たちをお祝いする日です。「成人」は「おとな」のことで、20歳になると、みんなおとなの仲間入りをするんです。おとなになった人たちが、周りの人にありがとうとお礼を言って、「これから、しっかりがんばります」と約束するだいじな日なのです。

保護者の方へ

皆様はどんな成人の日を迎えられましたか？　写真を見たり、そのころのことを思い出したりして、ぜひお子さんに話してあげてください。子どもたちにとっておとなは憧れの存在でありたいものです。そして、子どもたちが20歳になった時には、自分のことは自分でし、困っている人を助けてあげる人になってほしいですね。

※ 未成年の保護者への配慮を、園でよく話し合っておきましょう。

2月

如月
きさらぎ

「衣更着」や「生更ぎ」とも書く。草木が生き返り、芽吹くという意味。

2月3日ごろ

節分

こんな日

悪いものを追い出し、幸せを呼ぶ豆まきをする日。

節分は、季節の分かれ目、立春、立夏、立秋、立冬の前日のことで、年に4回あるが、現在は特に立春の前日を指す。邪気を祓（はら）い幸せを招くため、「悪いもの＝鬼」を祓う行事として豆まきが盛んに。年の数だけ（またはプラス1）豆を食べ、無病息災を願う風習も定着。

こんな話を

3歳児・4歳児へ

新しい季節に よいものを呼ぼう

節分には豆まきをしますね。昔は次の日から春と考えていたので、新しい季節に悪いものを追い出して、よいものを呼ぼうということで、豆まきをしたんだって。だから、「鬼は外、福は内」って言うんだね。豆まきの後は年の数だけ（またはプラス1）豆を食べます。そうすると、1年間病気にならずに元気に過ごせるんだって。

5歳児へ

心の中も鬼は外!

豆まきのときの「鬼」は、悪いもの、「福」はよいものという意味です。だから豆まきをして幸せをいっぱい迎えようとしているんだよ。家の中だけじゃなくて、みんなの心の中にも鬼がいるかもしれないよね。いじわるしたり、すぐ怒ったりする鬼を追い出して、楽しい気持ちになるといいね。

保育に生かそう

みんなで鬼退治

しっかりねらって投げましょう。
友だちと協力して、鬼の箱を落とすようにがんばります。

準備

・図のように段ボール箱で作った鬼を、床に固定した大型積み木の上に置く。

・鬼の周りに、直径3～4mの円をかく。

・円の外側に、人数より少し多めのお手玉（または玉入れの玉）を散らばせておく。

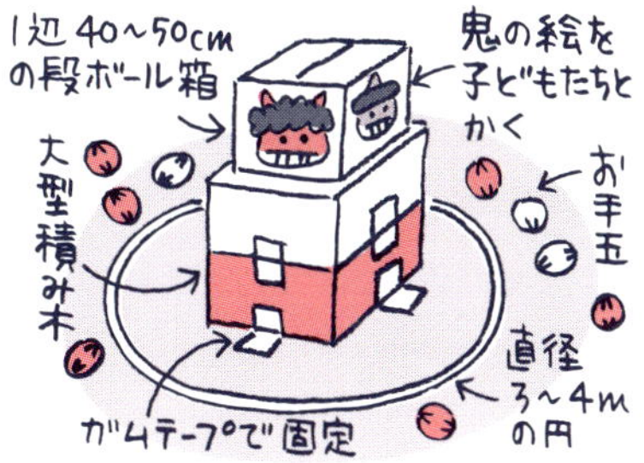

あそびかた

子どもたちは円の外側に立ってスタンバイ。「ヨーイドン」の合図で、鬼めがけて、お手玉（または玉入れの玉）を投げる。「鬼は外！」と言いながら投げるとよい。鬼の箱が積み木から落ちたら終了。

POINT

- 円内に落ちた玉は中に入って拾ってもよいが、投げるときは線の外側に戻る。
- 鬼を2つ作って、2チームで同時に行ってどちらが早く倒せるかを競っても楽しい。
- 小さい子には円を小さく、慣れてきたら大きくするなど、調整するとよい。

保護者の方へ

節分とは季節の変わり目のことで、季節の変わり目には邪気（鬼）が生じると考えられており、それを追い払うために豆まきが行われたそうです。今日、園では豆まきをして鬼を追い払いました。おうちでも、「鬼は外、福は内」と大きな声で言いながら、いっしょに豆まきをしてくださいね。豆まきのあとに豆を食べると体がじょうぶになるといわれています。豆の数は、年齢の数または数え年で年齢より1個多い数になります。

2月11日

建国記念の日

こんな日

日本の国を愛する気持ちを養う日。

「建国をしのび、国を愛する心を養う」ことを趣旨として、1966年に制定。翌年より実施された。1948年に廃止された紀元節が元になっている。「の」が入っているのは、建国された日ではなく、建国を記念する日ということで、日本の国を愛する心を持ち、みんなでたいせつにすることを願う日。国民の祝日。

こんな話を

3歳児・4歳児へ

みんな日本を好きになろう

あしたは「建国記念の日」といって、みんなが住んでいる日本の国ができたことをお祝いする日です。みんな日本のどんなところが好き？　そう、大きな山もあるよね。広くてきれいな海も好き？　みんなが日本をもっと好きになってたいせつにしていこうって考える、だいじな日なんですよ。

5歳児へ

世界もいろいろ、みんなたいせつ

世界にはいろいろな国がありますね。みんなの知っている国はある？　その国はどんなところ？　日本のことも、ほかの国のことも、いろいろわかると楽しくなるね。そしてみんなが、自分の住んでいる国のことをもっと好きになったら、とてもすてきですね。

保護者の方へ

2月11日は建国記念の日です。『日本書紀』に記された神武天皇の即位第1日目を、日本の紀元の始まりとしています。日本で暮らしてよかったなあと思われるのは、どんな時でしょうか。着物を着た時？　おしるこを食べている時？　お子さんと話し合ってみてくださいね。そして、よりすてきな日本にするために自分ができることは何だろうと考えると、もっと日本が好きになってくるでしょう。

2月14日

バレンタインデー

こんな日

好きな人に自分の気持ちを伝える日。

ローマ帝国時代、愛する人を故郷に残した兵士がいると士気が下がるという理由で、兵士の結婚は禁止されていた。それをかわいそうに思ったキリスト教司祭ヴァレンティヌス（バレンタイン）は、秘かに兵士を結婚させていた。捕えられ、処刑されたのが2月14日。この日は恋人たちの日となった。戦後、日本ではチョコレートを贈って気持ちを伝える形が定着。

こんな話を

3歳児・4歳児へ

好きな人、いる？

みんなには、好きな人はいますか？　たくさんいるよね。お父さん、お母さん、友だちにも好きな人はいっぱいですね。今日はバレンタインデー。好きな人に「好きだよ」と気持ちを伝える日です。「好きだよ」と言われたら、とってもうれしいよね。だからみんなも思い切って伝えよう。先生は、○○組のみんなが大好きです！

5歳児へ

「好き」が増えるのは幸せなこと

自分のことを「好き」って言われると、うれしい気持ちになるよね。そして言ってくれた人のことも好きになるから、不思議だね（反対に「嫌い」って言われると悲しい気持ちになって、もうその人の顔も見たくなくなっちゃうね）。その人のいいところを見つけて好きになると、自分も相手も幸せな気持ちになれますよ。

保護者の方へ

今日はバレンタインデーですね。みなさんは好きな人に「好き」と、いつも伝えていますか？「好き」と言われると、だれでもうれしいですよね。ですから、お子さんにもご家族にも、照れずに「好き」と伝えてみましょう。言わなくてもわかっていると思っていても、ことばに出すことでお互いにうれしい気持ちで再確認できるのです。子どもたちにも、気持ちをことばで伝えるたいせつさを伝えましたので、どんなことを言ってくるか、お楽しみに！

2月ごろ

生活発表会

こんな日 **みんなで作り上げてきた劇あそびなどを発表する日。**

1926年制定の幼稚園令保育5項目から、「お遊戯会」として歌や遊戯を保護者に見せる会だったが、現在は子どもを主体とし、日常の生活やあそびから広げて表現することを重視し、「生活発表会」という名称を使うようになった。見せることより、楽しく表現することをたいせつに。

こんな話を 前日

3歳児・4歳児へ

にこにこ顔で楽しんでやろうね

あしたは生活発表会です。おうちの人も見にきてくれますね。ドキドキするけど、毎日みんなはとても元気に楽しくやってきたから、だいじょうぶ。いつものように、にこにこ楽しんでやりましょう。ほかのお友だちがやっている時には、いっぱい拍手をして、応援しようね。

5歳児へ

みんなのパワーを発表しよう

みんなで考えた「○○（演目名）」は、とてもすてきなものになりましたね。劇あそびを始めたのは○日だから（カレンダーを見せて）、こんなに楽しんできたんだよ。ひとりひとりの力を合わせたら、すごいパワーになるってことがわかったよね。舞台の上でやるのはちょっとドキドキする？　でも、とても楽しみですね。

こんな話を 当日

3歳児・4歳児へ

失敗してもだいじょうぶ！

いよいよ今日は、おうちの人たちが見にきてくださる発表会です。緊張して、せりふや動きを忘れてしまうことがあるかもしれません。そんな時は、近くにいる友だちが小さな声でさりげなく教えてあげてね。助け合って発表しているなあって、見ている人もうれしい気持ちになりますよ。みんなのパワーですてきな発表にしようね。

5歳児へ

ゆっくり、大きな声でおもしろく！

みんなが作り上げた作品は、とてもすばらしいです。それぞれの役がかっこよくて、おもしろくて、輝いています。慌てなくていいからゆっくり大きな声で、自分たちが発表することを楽しんでね。お客さんが笑ってくれたらうれしいね。友だちがやっている場面もいつもの力が出せるように、優しい気持ちで見守ってあげようね。

保護者の方へ

本日はようこそおいでくださいました。子どもたちはお客さんに見てもらうことを楽しみに、わくわくして出番を待っています。今日の発表は子どもたちが相談しながら、それぞれが輝くように積み上げてきたものです。ハプニングもあるでしょうが、そこでの子どもの姿からも育ちが感じられることと思います。どうぞ、温かな笑顔と大きな拍手で子どもたちを応援してください。

2月ごろ　生活発表会

こんな話を　翌日

3歳児・4歳児・5歳児へ

きのうの発表会は楽しかったね

おうちの人たちも、みんなの歌や劇がとてもすばらしくてびっくりしていたね。今日はほかの役をやってみる？　よく見ていたから、どの役も覚えちゃったよね。次にやってみたいな、と思っていた役になってやってみよう。お面や衣装も貸してもらおうね。

その他

緊張している子に

先生がついているから、だいじょうぶ!

お守りパワーをずっと送っているよ。失敗しても、友だちや先生が必ず助けるから安心してね。息をたくさん吸って、大きな声を出したら、不安な気持ちが吹き飛んで、にこにこ笑顔が戻ってくるよ。

製作中

○○役の人、集まって

○○役の人、集まって。今日は衣装の相談をしましょうね。どんな色でどんな衣装にしたら○○らしいかな？　頭や手首や足首に飾りを付けてもいいよ。水色のビニールもすてきな布もあるし、踊った時にふわっと動くのもすてきだね。

保育に生かそう

発表会につながるごっこあそび

初めから決まった形のものを練習するのではなく、お話のおもしろいところ（一場面）をごっこあそびで楽しみましょう。

行いかた

『オオカミと7ひきの子ヤギ』を読み聞かせる。

↓

展開1

子ヤギのお面を作るコーナーを設ける。
作ったお面をつけて、子ヤギになった気分の子どもに、「かわいい子ヤギさんだね。どこをおうちにする？」などと問いかける。

↓

積み木やままごとコーナーを使う。段ボールなどを利用して、開くドアも作る。「トントン、お母さんですよ。開けておくれ」「じゃあ手を見せて」といったやりとりを楽しむ。

展開2

オオカミが入ってきた場面では、逃げることを楽しみ、オニごっこへつなげる。
隠れることを楽しむ場合は、かくれんぼへつなげる。

＊「先生ひとりじゃたいへんだから、オオカミ役になる子はいない？」「お母さんヤギになりたい子はいる？」などと持ちかけ、役割を交代しながら楽しみ、発表会の1週間くらい前に演じる役を決める。

2月

2月29日

閏年（うるう）

こんな日

4年に1回、2月29日がある年のこと。

太陽暦で1年が366日ある年。2月29日（閏日）がある年のこと。4年に一度設けられる。西暦年数が4で割り切れる年。ただし、100で割り切れる1800年、1900年などは閏年ではないが、400で割り切れる1600年、2000年などは閏年となる。

こんな話を

3歳児・4歳児へ

カレンダーをよく見てみよう

2月は何日まであるかな？　カレンダーを見ると、29日までだね。ほかの日は30日や31日まであるのに、2月は少し短いね。でも、去年のカレンダーを見てみると…。あれ！ 28日までしかないよ。おかしいね。実は今年は「閏年」といって、4年に1回、2月29日がある年です。1日得をしちゃった気分だね。

5歳児へ

4年に1回の閏年

今年は「閏年」といって、いつもは28日までしかない2月に、なんと、29日がある特別な年です。閏年は、4年に1回。次の閏年は、みんなが○歳になったときに来るね。いつもはない29日。何をしてあそぼうか。楽しみですね。

保護者の方へ

今日は2月29日。いつもはない日があるなんて、不思議な気持ちですね。いつも忙しい方は、「1日得しちゃった！」と思われるかもしれません。太陽と地球の関係から、4年に一度の調整日を作った人類の知恵もすばらしいですね。貴重な一日を、お子さんといっしょに有意義に過ごしてください。

3月 弥生 やよい

「弥生」は、すべての草木がますます
生い茂るという意味。
春になり、草木が生長する月。

3月3日

ひな祭り

こんな日

女の子の成長を祝い、その幸せを願う日。

五節句のひとつである桃の節句にあたり、女子の幸せや成長を祝う行事。平安時代、紙の人形に穢（けが）れを移して川に流す流しびなの風習と、人形あそび「ひいなあそび」が結びつき変化していった。現在のような豪華なひな人形を飾るようになったのは、江戸時代中期以降。

こんな話を

3歳児・4歳児へ

おひな様は、「元気に育って」という願い

ひな祭りのひな人形も、こどもの日のこいのぼりも、どちらもお父さん・お母さんや周りの人たちが、みんなのことをだいじに思って飾ってくれるものです。「元気で大きくなりますように」ってね。みんなもお父さんやお母さんに、「ありがとう」の気持ちを忘れないようにしようね。

5歳児へ

みんなでお祝いしよう

端午の節句を覚えているかな？　こどもの日にお話ししたよね。3月3日は桃の節句といって、ひな人形を飾って、女の子が元気で大きくなりますようにとお願いする日です。昔は紙の人形に病気を受け取ってもらって、川に流していたんだって。今日は男の子もいっしょに、みんなで大きくなったお祝いをしようね。

保育に生かそう

おひな様を作ろう

簡単に作れる、立つおひな様です。シンプルな形なので、これをもとに子どもの発想を、製作の表現へとつなげていきましょう。

---- 谷折り

作りかた

① 三角に折る。

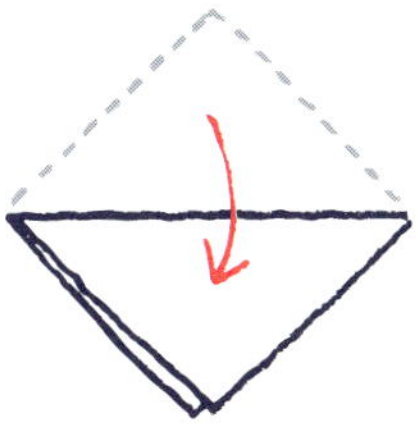

② 右側を図のように前に折る。

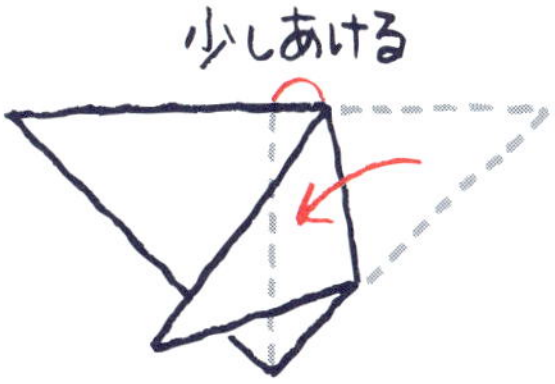

③ ②で折った部分を半分折り返す。

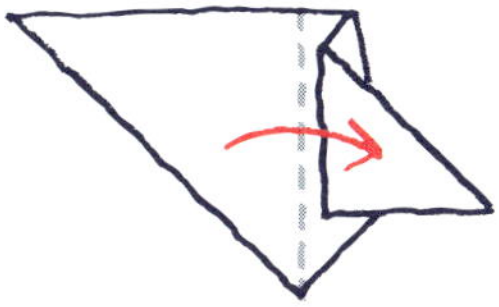

④ 左も同様に折る。

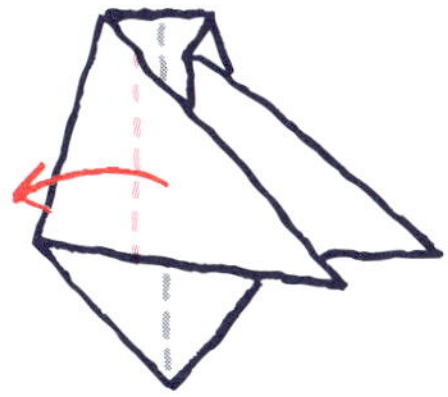

⑤ 下部を後ろに折る。

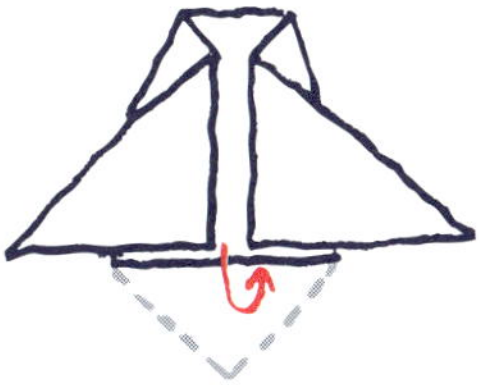

⑥ 画用紙で作った顔を付けて、できあがり。

＊折り紙の色と顔を変えれば、男(お)びなや三人官女など、ほかの人形も作ることができる。

保護者の方へ

3月3日のひな祭りは「桃の節句」といって女の子のお節句です。園にもひな人形を飾ってありますから、ぜひお子さんといっしょに見てくださいね。ひな祭りに食べるひなあられの色には、桃色、緑、黄色、白がありますが、それぞれが春、夏、秋、冬を表しています。どの季節も元気に健康でいられますようにという願いが込められているのですね。

3月3日

耳の日

こんな日

耳の働きに気づき、耳をたいせつにしようとする日。

1956年、日本耳鼻咽喉科学会の提案により制定。「33(みみ)」の語呂合わせになっている。耳の健康や聴力についての理解を深め、病気の予防や治療に関心を持ち、役だててもらうことを目的としている。耳のたいせつさを知らせる日として、各地で講演会や医療相談会などが行われる。

こんな話を

3歳児・4歳児へ

いつもきれいな耳がいいね

耳の掃除をしてもらったことがある？ 耳はとてもだいじなところだから、いつもきれいに、ごみがないようにしておきましょう。おふろに入った後、お父さんやお母さんのひざの上で優しく掃除をしてもらうと、とてもいい気持ちになるよ。お願いしてみてごらん。

5歳児へ

耳をたいせつにしよう

みんなの耳はどこにある？　そう。そこです。いろいろな音が聞こえてくるよね。お友だちの話やお母さんの声、自分のしゃべる声も聞こえるよね。耳はとてもたいせつなところだからだいじにしましょう。昔は1、2、3を「ひーふーみー」って数えました。だから、3は「み」。3月3日が耳の日になったんだよ。

保護者の方へ

お子さんの耳掃除を、どれくらいの間隔でしていますか？　声をかけても返事がないなら、耳あかがたまっているかもしれません。ひざまくらをして、ゆっくりお話ししながら耳掃除をしてあげてください。子どもは気持ちいいし、お母さん（お父さん）に甘えられてうれしいことでしょう。また、きれいな音楽や音を聴いて、音への関心も高めましょう。

3月21日ごろ

春分の日

こんな日

昼と夜の長さがほぼ同じになり、春本番になることを感じる日。

二十四節気のひとつ。太陽がほぼ真東から出て真西に沈むので、日の出から日の入りまでの昼と夜の時間がほぼ同じになる。「自然をたたえ、生物をいつくしむ」日として1948年に制定。この日を中心に1週間を彼岸という。この日を境にどんどん春めいて、生き物がぐんと育つ季節になる。国民の祝日。

こんな話を

3歳児・4歳児へ

春がそこまで来ているよ

生きものにとって、太陽はとてもたいせつなものです。だから冬の間、じっと待っていた生きものたちは、春が来ることがうれしくてたまりません。「もう春ですよ」ってあちこちでささやくのです。新しい小さな葉っぱがついていたり、頭を地面から出していたり、もっともっと大きくなるよって、伸びる力を見せているのですね。

5歳児へ

お墓参りでお話をしよう

春分の日の前の3日、後ろ3日を入れて7日間を「お彼岸」といいます。このころには、お墓参りに行ったり、ぼたもちを食べたりします。お墓参りでは、お墓に眠っているおじいさんやおばあさんに、みんなの元気な顔を見せて、「元気で過ごしています」とお話ししてきてね。

保護者の方へ

寒い日が続きましたが、あしたは春分の日。確かに春が近付いていることが感じられますね。お子さんと木の芽を見つけてみてください。また、お彼岸でお墓参りをされるご家庭も多いでしょう。ご先祖様の話をしながら、元気な姿を見せてこられるといいですね。命はつながっていることを感じられると、自分の命もたいせつにできるようになるでしょう。

3月

お別れ会

こんな日

年長児と在園児が別れを惜しむ日。

今まで園であそんだこと、友だちと過ごしたことなどを思い出し、友だちと別れる寂しさと新しい生活が待ち遠しい気持ちを味わう。在園児が卒園児を送り出す会をお別れ会とすることが多いが、形式ではなく、互いの気持ちが通い合う内容にしたい。

こんな話を　前日

卒園児へ

お別れ会は小さい組さんからのプレゼント

みんなはもうすぐ1年生。この園とお別れして小学校に行きますね。○○組さん（4歳児以下のクラス）がみんなのために楽しい会を開いてくれるそうです。みんなは小さい組のお友だちに優しくしてくれました。「ありがとう」の気持ちがいっぱいなんだって。どんな会になるか、わくわくしますね。

在園児へ

年長組さんにありがとう、さようなら

年長組さんはもうすぐ1年生になります。いろいろなことを教えてもらいましたね。いっしょにあそんだのも楽しかったね。お別れ会は、年長組さんに「ありがとう」と「さようなら」の気持ちを伝える会です。年長組さんがびっくりするような楽しい会にして、喜んでもらいましょう。

こんな話を 当日

卒園児へ

「ありがとう」の気持ちを受けとめて

みなさん、今日のお別れ会は楽しかったですか？　4歳児さんが中心になって、飾りや出し物やプレゼントなどを準備してくれましたね。みんなに喜んでもらえるように、「ありがとう」の気持ちを込めてもてなしてくれました。その気持ちをしっかり受けとめ、一歩ずつ未来に向かって進みましょう。

在園児へ

力を合わせてすてきな会に

さあ、今日はいよいよお別れ会です。みんながいろいろな係になり、準備を進めてきたことを発表しましょうね。年長組さんは、きっと喜んでくれるでしょう。そして、みんなのことを「立派な年長組さんになれるな。もう園をまかせてだいじょうぶだな」と思ってくれるでしょうね。 慌てなくていいよ。自信を持って、楽しく進めましょう。

保護者の方へ

今日はホールでお別れ会を行いました。4歳児さんが中心となり、会場の飾り付けや出し物を準備し、会の進行もじょうずにしてくれました。年長組さんは、園での出来事を振り返り、成長した自分を感じているようでした。3歳児クラスも4歳児クラスも「今までありがとう」の気持ちを込めて、歌やことばを贈る姿はたいへん立派でした。おうちでも、今日の会のお話を聞いてあげてください。

お別れ会アイディア

保育に生かそう

どうしたら5歳児に喜んでもらえるか、5歳児はお礼の出し物をどうするか、それぞれ話し合いましょう。子ども自身がやりたいと思うことがたいせつです。

5歳児の得意技

とび箱、縄跳び、けん玉、お手玉、あやとり…など、チームごとに5歳児が発表。
5歳児のかっこいい技に、在園児は憧れの気持ちを持ち、自分もできるようになりたいと挑戦し始める。

思い出のスライド

遠足、運動会、いも掘り、発表会などの行事の写真を見せる。このとき、係の子（4歳児）が写真1枚につき1人、ナレーションを入れる。

卒園児へのプレゼント　写真つきペン立て

4歳児が作って卒園児へ贈ります。

作りかた

① 牛乳パックを2つ、はり合わせる。

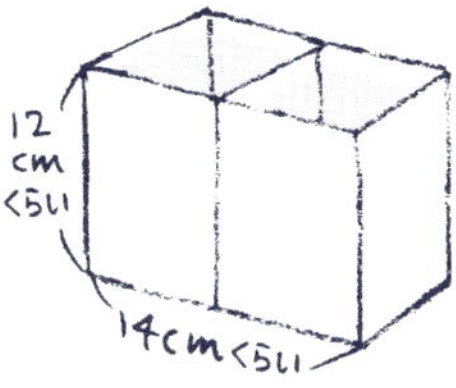

② 布をはる。（正面の両はじを巻くようにしてはるときれい）

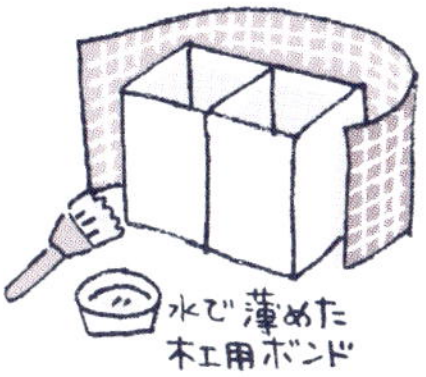

③ 厚紙の中央に写真をはる。

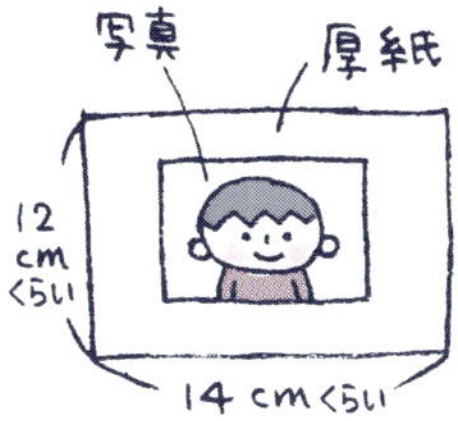

④ ③に片段ボールをはる。

⑤ ②に④をはり、ビーズや色画用紙を型抜きしたものなどをはる。

パーティークッキング

会食の料理を在園児たちが作ります。

オードブルロケット（3歳児）

① ようじに具材を差す。

② アルミホイルを巻いたダイコンに①を差す。

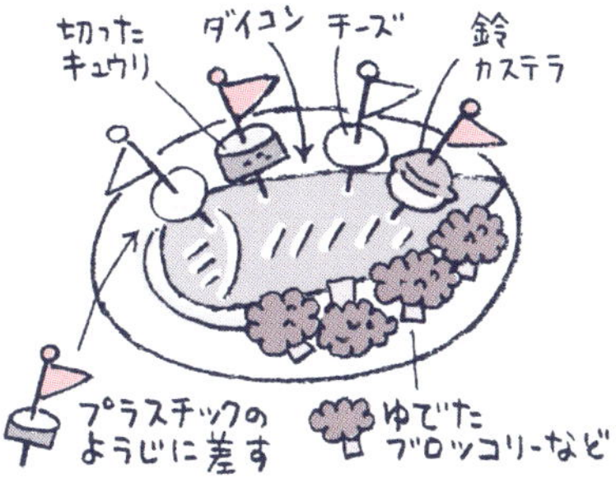

＊ダイコンは後日、調理していただく。

キャンディおにぎり（4歳児）

① 保育者が、ごはんをカップに一口分ずつ入れていく。

② ラップの口をひねり、形を整える。

③ モールで結んで、かごに入れる。

卒園式

こんな日

園の生活が終わることをお祝いする日。

園生活をしめくくる、園で最も大きな行事。園生活における子どもひとりひとりの成長を喜び、小学生になるという希望を胸に巣立っていくおめでたい日。証書（幼稚園では修了証書、保育所では保育証書）授与の感動と誇らしさを実感できる式でありたい。

こんな話を

3歳児・4歳児へ

おめでとうの気持ちを伝えよう

今日は、年長組のお兄さん・お姉さんが園を巣立っていく日です。園でたくさんあそんで、小学生になる力をしっかり身につけたのです。みんなはお祝いの気持ちを、とびきりの笑顔と言葉で表してね。年長組さんたちが喜んでくれるよ。

5歳児へ

みんな大きくなりました。おめでとう

みんなが入園した時のことを思い出していました。お母さん（お父さん）と離れたくないと泣いていたこともあったね。この○年間でいろいろなことができるようになりました。お友だちとけんかもしたけど、協力して○○もできるようになったね。先生はみんなといっしょでほんとうに楽しかったです。どうもありがとう。そして、今日はおめでとうございます。

保育に生かそう

タイムカプセル 18歳の自分へ

18歳になった未来の自分にあてて手紙を書きます。保護者もメッセージを添えます。将来、自分の手元に届くことが、子どもたちの夢を広げるでしょう。

作りかた

① 手紙を書く。書くのが難しい子は保育者が手伝う。（封筒はクリーム色だと黄ばみが目立たない）

② 18歳の○年3月○日、また園に集まることを約束する。それまで、園は手紙をタイムカプセルに入れて保管（倉庫など）する。

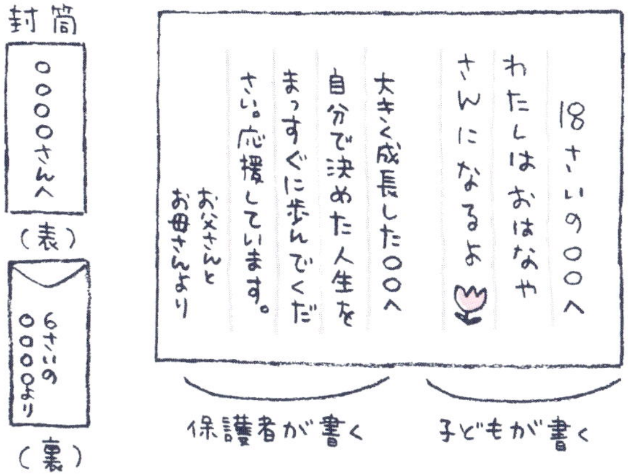

封筒
○○○○さんへ
（表）
6さいの○○○○より
（裏）
18さいの○○へ
わたしはおはなやさんになるよ
大きく成長した○○へ
自分で決めた人生をまっすぐに歩んでください。応援しています。
お父さんとお母さんより
保護者が書く
子どもが書く

3月

保護者の方へ

本日はご卒園おめでとうございます。お母さん（お父さん）と離れるのが嫌で大泣きしていた子どもたちも立派に成長し、今日の晴れの日を迎えました。園でのさまざまな経験を通して、意欲や人への思いやりなどをはぐくんだことをうれしく思っています。これも保護者の皆様のおかげです。心より感謝申し上げます。これからの子どもたちの未来も応援してまいります。いつでもお立ち寄りくださいね。楽しみに待っております。

修了式（幼稚園）

こんな日

1年間過ごしたクラスの最後の日。

当該学年の教育課程を修了したことを祝い、記念する式典。1年間の思い出について話し合い、成長した喜びを実感したい。

こんな話を

4歳児へ

年長組さんになる力がついたよ!

みんな、○○組で過ごした1年は楽しかったですか？　いろいろなことがあったね。けんかもしたけれど、力を合わせて取り組んできたね。もうみんなには年長組さんになる力が十分ついていると思います。すてきな年長組さんになってくださいね。応援しています。

3歳児・4歳児へ

今日は修了式です

今日は修了式です。今日でこのお部屋ともお別れですね。次に入ってくる子のためにピッカピカに掃除しましたね。（壁には入園おめでとうの飾りも力を合わせて作りましたね。）新しく入ってくる子はまだ小さいから、泣いたり困っていたりするかもしれないね。そんなときは優しく助けてあげてくださいね。

にこにこ表彰式

保育に生かそう

1年間、同じクラスでともに過ごしてきた友だちのよいところ、成長したところを見つけて伝えます。

行いかた

① 表彰式のペアになる相手を、くじびきで決める。（1週間くらい前）

② 相手にどんな賞を贈りたいかを考え、保育者とこっそり相談する。保育者は同じ賞が多くならないように調整する。
例：縄跳びがじょうずで賞、けん玉名人賞、やさしいで賞…など。

③ 賞状を作る。（2日前）
空いているスペースに、自由に絵をかいたり飾りを付けたりする。

＊相手に見られないように、いくつかグループに分け、製作する時間を設定しても。

④ 修了式に表彰式を行う。

保護者の方へ

この1年間、保護者の皆様に支えられ、子どもたちの成長を見守ってくることができました。毎日、さまざまなドラマがあり、泣いたり怒ったりして感情をぶつけながらも、友だちと心を通わせる喜びや力を合わせるよさを学んできたことをとてもうれしく思っております。4月には進級ですね。新学期、また子どもたちの笑顔に会えることを楽しみにしております。

3月下旬〜4月下旬

イースター

こんな日

キリストが生き返ったことや春の訪れを祝う日。

キリスト教において、十字架に掛けられて死んだイエス・キリストが3日後に復活したことを記念・記憶する復活祭ともいわれる移動祝祭日で、「春分の後、最初の満月の次の日曜日」に行われる。

こんな話を

3歳児・4歳児へ

キリスト教のお祭り

こんなきれいな卵を見たことがあるかな？イースターエッグっていうの。イースターのお祭りで飾ります。春が来ていろいろな生き物の命が生まれることをお祝いします。この卵を隠しておいて、探すあそびも楽しいですね。

3歳児・4歳児へ

命が生まれる春のお祝い

キリスト教のお祭りは、クリスマスだけではなくイースターなど、ほかにもあります。イエス・キリストは十字架に掛けられて死んでしまったけど、3日後に生き返ったそうです。本当は死ぬと生き返ることはないけど、イエス・キリストは神様の子だったから、そんな不思議なことも起こったのですね。そのお祝いのお祭りです。

保育に
生かそう

イースターのエッグハント

隠すのも探すのも楽しい活動です。自分が隠した卵をだれが見つけたかも気になり、相手に親しみを持つきっかけになります。

あそびかた

① カプセルに油性ペンなどで模様をかく。

② 子どもがやってあげたいこと、子ども自身が作ったプレゼントなどを入れる。

③ 2グループに分け、「隠す」と「探す」を交代で行う。隠す間、探すチームは、目をつぶって待つ。隠し終わったら、スタート。「探すチーム」は、1つ見つけたら戻る。

④ カプセルを開けて中を見る。

3歳児

保育者が絵カードを入れる。→「歌がじょうずになる卵だったね」と言って、グループを作り、歌う。

4歳児

プレゼントを作りたい子が準備。カードを入れる。→プレゼントをもらう。

5歳児

自分ができることを書いたカードを入れる。→書いた子からサービスを受ける。

保護者の方へ

クリスマスと同様に、イースターを祝うという文化が日本でも知られてきました。子どもたちは自分なりのカラフルな卵を作ったり坂を転がしたりというあそびを楽しんでいます。卵を隠して見つけるあそびも楽しいですよ。外国では、パレードしたり、パーティーをしたりして祝っていることを、ご家庭でも話題にしてみてください。

さくいん

50音別さくいん

あ

愛鳥週間 …… 36
イースター …… 140
いも掘り …… 88
海の日 …… 60
閏年 …… 126
運動会 …… 80
エイプリルフール …… 18
大晦日 …… 110
お泊まり会 …… 64
お別れ会 …… 132

か

勤労感謝の日 …… 100
クリスマス …… 108
敬老の日 …… 76
夏至 …… 54
健康診断 …… 28
建国記念の日 …… 120
原爆の日 …… 65
憲法記念日 …… 32
こどもの日 …… 34
衣替え …… 42

さ

作品展 …… 98
始業式 …… 16
七五三 …… 96
十五夜 …… 72
終戦記念日 …… 68
秋分の日 …… 78
修了式 …… 138
春分の日 …… 131
正月 …… 112
昭和の日 …… 30
人権週間 …… 102
生活発表会 …… 122
成人の日 …… 116
節分 …… 118
全国交通安全運動 …… 19
卒園式 …… 136

た

体育の日 …… 84
たなばた …… 56
誕生会 …… 26
父の日 …… 50
梅雨 …… 44
天皇誕生日 …… 107
冬至 …… 105
動物愛護週間 …… 74
時の記念日 …… 48
読書週間 …… 86
土用丑の日 …… 62

な

夏祭り …… 58
七草 …… 114
入園式 …… 14
ノーベル賞授賞式 …… 104

は

花祭り …… 21
歯と口の健康週間 …… 46
母の日 …… 38
バレンタインデー …… 121
ハロウィーン …… 92
ひな祭り …… 128
避難訓練 …… 22
プール開き …… 52
文化の日 …… 94
防災の日 …… 70
保護者参観日 …… 40
盆 …… 66

ま

みどりの日 …… 33
耳の日 …… 130
目の愛護デー …… 85
もちつき …… 106

ら

立冬 …… 95

月別さくいん

4月

4月1日　エイプリルフール ……… 18
4月6日～15日　全国交通安全運動 · 19
4月8日　花祭り ……… 21
4月29日　昭和の日 ……… 30
4月　入園式 ……… 14
4月　始業式 ……… 16
4月～3月　避難訓練 ……… 22
4月～3月　誕生会 ……… 26
4月～3月　健康診断 ……… 28

5月

5月3日　憲法記念日 ……… 32
5月4日　みどりの日 ……… 33
5月5日　こどもの日 ……… 34
5月10日～16日　愛鳥週間 ……… 36
5月第2日曜日　母の日 ……… 38
5月～3月　保護者参観日 ……… 40

6月

6月1日　衣替え ……… 42
6月～7月　梅雨 ……… 44
6月4日～10日　歯と口の健康週間 … 46
6月10日　時の記念日 ……… 48
6月第3日曜日　父の日 ……… 50
6月21日ごろ　夏至 ……… 54
6月～７月　プール開き ……… 52

7月

7月7日　たなばた ……… 56
7月第３月曜日　海の日 ……… 60
7月20日~8月7日ごろ　土用丑の日 ‥ 62
7月～8月　夏祭り ……… 58

8月

8月6日・9日　原爆の日 ……… 65
8月15日ごろ　盆 ……… 66
8月15日　終戦記念日 ……… 68
8月　お泊まり会 ……… 64

9月

9月1日　防災の日 ……… 70
9月中旬～10月上旬　十五夜 ……… 72
9月20日～26日 動物愛護週間 ……… 74
9月第３月曜日　敬老の日 ……… 76
9月23日ごろ　秋分の日 ……… 78

10月

10月第２月曜日　体育の日 ……… 84
10月10日　目の愛護デー ……… 85
10月27日～11月9日　読書週間 ……… 86
10月31日　ハロウィーン ……… 92
10月ごろ　運動会 ……… 80
10月ごろ　いも掘り ……… 88

11月

11月3日　文化の日 ……… 94
11月8日ごろ　立冬 ……… 95
11月15日　七五三 ……… 96
11月23日　勤労感謝の日 ……… 100
11月ごろ　作品展 ……… 98

12月

12月4日～10日　人権週間 ……… 102
12月10日　ノーベル賞授賞式 ……… 104
12月22日ごろ　冬至 ……… 105
12月23日　天皇誕生日 ……… 107
12月25日　クリスマス ……… 108
12月31日　大晦日 ……… 110
12月下旬　もちつき ……… 106

1月

1月　正月 ……… 112
1月7日　七草 ……… 114
1月第２月曜日　成人の日 ……… 116

2月

2月3日ごろ　節分 ……… 118
2月11日　建国記念の日 ……… 120
2月14日　バレンタインデー ……… 121
2月29日　閏年 ……… 126
2月ごろ　生活発表会 ……… 122

3月

3月3日　ひな祭り ……… 128
3月3日　耳の日 ……… 130
3月21日ごろ　春分の日 ……… 131
3月下旬～4月下旬　イースター ……… 140
3月　お別れ会 ……… 132
3月　卒園式 ……… 136
3月　修了式 ……… 138

著者PROFILE

横山洋子 ● Yoko Yokoyama

千葉経済大学短期大学部こども学科教授。幼稚園・小学校教諭を経て現職。著書に、『保育の悩みを解決! 子どもへの言葉かけハンドブック』、『保育の悩みを解決! 保護者との話し方ハンドブック』(ともにナツメ社)、『U-CANの悩まず書ける! 連絡帳の文例集』(U-CAN)、『ひとりでできるよ!図鑑』、『あそびの天才! 図鑑』(監修・学研)など。

中島千恵子 ● Chieko Nakajima

千葉経済大学短期大学部こども学科教授。幼稚園教諭・教頭を経て現職。著書に、『あそんで学ぶ文字・言葉』(執筆・黎明書房)、『幼稚園わかりやすい指導計画作成のすべて』(執筆・フレーベル館)、『実践で語る幼稚園教諭への道』(編著・大学図書出版)、『キーワードで引ける保育おたより文例集』(執筆・学研)など。

参考文献

『広辞苑第６版』(編:新村出　岩波書店)

『新世紀ビジュアル大辞典』(監修:金田一春彦　石毛直道　村井純　学研)

『年中行事・記念日辞典』(編:学研辞典編集部)

『えほん百科　ぎょうじのゆらい』(監修:山斎泰正　講談社)

『こどもきせつのぎょうじ絵じてん』(編:三省堂編修所　三省堂)

『おしゃかさまのたんじょう日』(文:谷真介　絵:赤坂三好　佼成出版社)

STAFF

編集協力 ● 小林留美

デザイン ● 長谷川由美・玉本郷史

表紙・本文イラスト ● 中小路ムツヨ

写真 ● アフロ(p.3「ハロウィーン」/ p.4「サンタクロース」、「クリスマスツリー」/ p.6「門松」)
田口修平(p.4「お雑煮」料理:藤原美佐/ p.5「おせち料理」料理:みないきぬこ/ p.6「恵方巻き」料理:中村陽子)

校閲 ● 草樹社

＊この本は、月刊誌「ラポム」2007年1月号特別付録に新たな内容を加え、再構成したものです。